集美大学学科建设经费
福建省社会科学规划项目（项目编号：FJ2020C066）
集美大学国家基金培育计划项目（项目编号：ZP2022018）

中国高校的
科技创新政策促进、知识传播及其经济影响

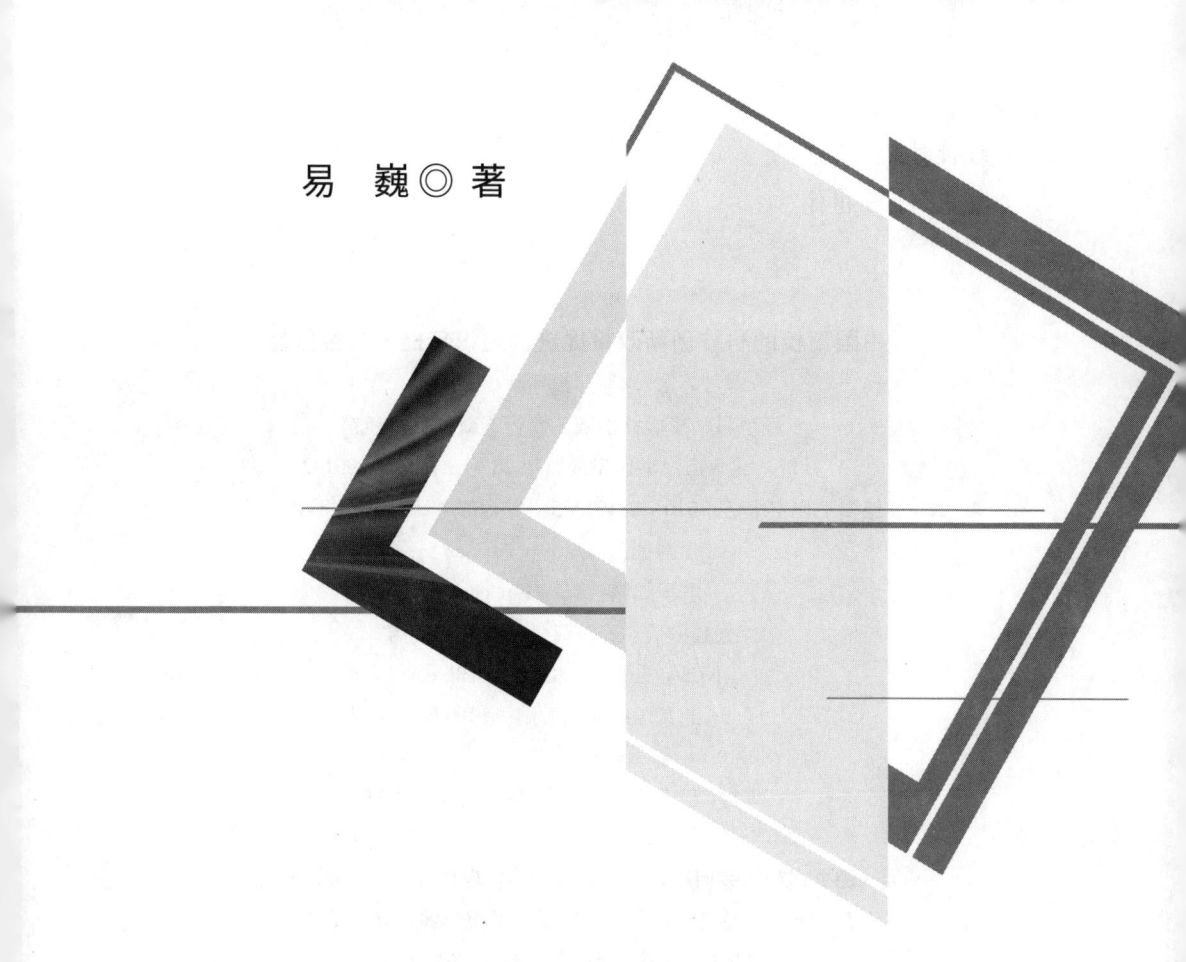

易 巍 ◎ 著

中国财经出版传媒集团
经济科学出版社
Economic Science Press

图书在版编目（CIP）数据

中国高校的科技创新政策促进、知识传播及其经济影响／易巍著．—北京：经济科学出版社，2021.11
ISBN 978-7-5218-3205-1

Ⅰ.①中… Ⅱ.①易… Ⅲ.①高等学校-技术革新-科技政策-研究-中国 Ⅳ.①G644

中国版本图书馆 CIP 数据核字（2021）第 250632 号

责任编辑：张　蕾
责任校对：李　建
责任印制：王世伟

中国高校的科技创新政策促进、知识传播及其经济影响
易　巍　著
经济科学出版社出版、发行　新华书店经销
社址：北京市海淀区阜成路甲 28 号　邮编：100142
编辑工作室电话：010-88191375　发行部电话：010-88191522
网址：www.esp.com.cn
电子邮箱：esp@esp.com.cn
天猫网店：经济科学出版社旗舰店
网址：http://jjkxcbs.tmall.com
北京季蜂印刷有限公司印装
710×1000　16 开　9.75 印张　200000 字
2021 年 12 月第 1 版　2021 年 12 月第 1 次印刷
ISBN 978-7-5218-3205-1　定价：79.00 元
（图书出现印装问题，本社负责调换。电话：010-88191510）
（版权所有　侵权必究　打击盗版　举报热线：010-88191661
QQ：2242791300　营销中心电话：010-88191537
电子邮箱：dbts@esp.com.cn）

前　言

目前，5G、云计算、人工智能和大数据等新技术以及由此衍生出的新业态层出不穷，产业创新的步伐不断加快。在美国与发达国家全面遏制中国高科技崛起的当下，大力推动国内企业掌握自主可控的核心技术尤为迫切。高校作为原创性技术的重要来源，将在国家创新体系中扮演重要角色。本书基于创新经济学相关理论，对中国高校创新的动因与创新知识的传播过程进行深入研究，并揭示高校知识溢出对当地企业创新绩效的微观影响。

本书共由七章内容组成。第一章是导论，介绍了研究背景、目标和意义，研究思路、篇章结构和研究方法，以及研究的创新之处。第二章是文献综述，首先回顾创新经济学相关理论，接着分三个方面梳理与本书相关的国内外文献，包括政策激励与高校创新、知识溢出与本地化、高校科技创新的经济影响。最后是对已有文献的简要评述。第三章至第七章为本文的核心章节，其中，第三章和第四章主要围绕政策激励如何促进高校创新展开讨论。第三章首先介绍了国内外高校创新促进政策的历史沿革，重点介绍美国的拜杜法案（Bayh-Dole Act）以及中国的职务科技成果所有权改革政策。第四章基于委托—代理理论，利用1998~2015年31所"985"高校的面板数据，考察了高校产权激励类创新政策对专利申请量、授权量、续期率、引用量及转化合同金额的影响，并进行机制分析与政策比较。第五章和第六章围绕高校创新知识的传播及其影响因素展开论述。研究主要利用2000~2015年84100个地区级城市对（prefecture pair）面板数据，考察了空间距离对高校知识溢出的影响及其异质性，再以两地直通高铁作为外生冲击，实证检验知识溢出对空间距离的敏感性。第七章主要讨论高校科技创新如何影响企业研发绩效。此章利用2008~2015年2472家上市公司面板数据考察高校知识溢出对本省（区、市）企业研发产出的影响，通过构建一个企业—高校认知距离的指标来刻画校企之间的"技术相近度",并将其纳入实证模型来分析企业——高校认知距离对高校知识溢出的影响及其异质性。

本书通过大量的理论和实证分析得出以下几点结论:

(1) 有关财政资助科研项目所获专利的所有权改革在长期促进了高校专利申请量、授权量和续期率的提高,在短期促进了高校专利被引量和专利转化合同金额的增长。产权激励政策的影响机制在于促使更多科研人员以专利形式公开其研究发现,并试图寻求商业化与国际专利布局。与产权激励政策相比,专利申请补贴政策虽然提高了申请量和授权量,但对续期率、引用量和转化合同金额没有显著影响;职称晋升激励政策提高了续期率与引用量;专利授权现金奖励则对所有创新产出指标均无显著影响。

(2) 高校创新知识的流动在空间距离上呈现出衰减的趋势。随着距离的增大,高校专利被引的可能性逐步降低,被引数量逐步下降。其中,非"985"高校的创新知识在空间距离上的衰减幅度大于"985"高校;化学类创新知识的衰减幅度大于其他技术类别;"高校流入企业"的知识衰减幅度大于"高校流入高校"的情形。两地高铁直通使外地获取本地高校创新知识的可能性增大了4%,同时使外地获取本地高校创新知识的总量增加了17%。

(3) 高校知识溢出能够显著提升本省(区、市)上市企业的创新产出,在控制了地理距离之后,我们发现企业——高校的认知距离与高校知识溢出的大小呈倒"U"型关系,即当企业与高校的技术结构差异较大时,高校对企业的知识溢出强度会随着技术距离的缩短逐渐减弱。异质性分析的结果显示,高校——企业知识溢出效应对国有企业、知识产权保护越强的地区以及电子信息技术类企业的创新产出影响更大。上述结论为加快促进高校科技创新成果产出、应用及商业化提供了有益的经验证据。

本书的完成离不开各位师长、领导与同事的帮助。在此特别感谢我的博士生导师教育部"长江学者"特聘教授、厦门大学知识产权研究院的龙小宁老师,本书的实证部分内容是博士期间在龙老师的指导下完成的,感谢龙老师的悉心教导!书稿的整理与编写是我在集美大学工作期间完成的,本书最终得以顺利出版还要特别感谢集美大学规划处的大力支持,以及学院领导们的关心与厚爱,他们是集美大学财经学院院长黄阳平教授、经济系主任庄赟教授以及科研办公室严寒主任。

最后，我还要特别感谢我的家人和朋友，他们的默默支持让我能够心无旁骛地在学术道路上继续前进！

易 巍

2021 年 12 月

目 录
Contents

第一章　导论 ……………………………………………………（1）
　（一）研究目标及意义 …………………………………………（5）
　（二）研究思路与篇章结构 ……………………………………（7）
　（三）研究方法与数据 …………………………………………（9）
　（四）研究创新点 ………………………………………………（10）

第二章　文献综述 ………………………………………………（12）
　（一）创新经济学理论的发展及演变 …………………………（12）
　（二）政策激励与高校创新 ……………………………………（15）
　（三）知识溢出与本地化 ………………………………………（20）
　（四）高校科技创新的经济影响 ………………………………（23）
　（五）简要评述 …………………………………………………（26）

第三章　国内外高校职务科技成果所有权改革 ………………（28）
　（一）美国的拜杜法案 …………………………………………（28）
　（二）中国的职务科技成果所有权改革 ………………………（33）
　（三）其他促进高校科技创新与成果转化的政策 ……………（37）

第四章　政策激励对高校创新产出及转化的影响 ……………（39）
　（一）委托—代理理论 …………………………………………（39）
　（二）数据与描述性统计 ………………………………………（40）
　（三）实证分析 …………………………………………………（46）
　（四）稳健性检验 ………………………………………………（54）

（五）机制分析与政策比较⋯⋯⋯⋯⋯⋯⋯⋯⋯⋯⋯⋯⋯⋯（58）
　　（六）本章小节⋯⋯⋯⋯⋯⋯⋯⋯⋯⋯⋯⋯⋯⋯⋯⋯⋯⋯⋯（61）

第五章　高校知识传播的空间特征⋯⋯⋯⋯⋯⋯⋯⋯⋯⋯⋯⋯⋯（64）
　　（一）知识溢出理论⋯⋯⋯⋯⋯⋯⋯⋯⋯⋯⋯⋯⋯⋯⋯⋯⋯（65）
　　（二）实证设计、变量与数据⋯⋯⋯⋯⋯⋯⋯⋯⋯⋯⋯⋯⋯（66）
　　（三）高校知识传播的空间特征⋯⋯⋯⋯⋯⋯⋯⋯⋯⋯⋯⋯（70）
　　（四）异质性分析⋯⋯⋯⋯⋯⋯⋯⋯⋯⋯⋯⋯⋯⋯⋯⋯⋯⋯（72）
　　（五）本章小节⋯⋯⋯⋯⋯⋯⋯⋯⋯⋯⋯⋯⋯⋯⋯⋯⋯⋯⋯（78）

第六章　交通基础设施建设对高校知识传播的影响⋯⋯⋯⋯⋯⋯（79）
　　（一）交通基础设施的经济影响⋯⋯⋯⋯⋯⋯⋯⋯⋯⋯⋯⋯（80）
　　（二）实证设计、变量与数据⋯⋯⋯⋯⋯⋯⋯⋯⋯⋯⋯⋯⋯（81）
　　（三）高铁开通对高校知识传播的影响⋯⋯⋯⋯⋯⋯⋯⋯⋯（83）
　　（四）异质性分析和稳健性检验⋯⋯⋯⋯⋯⋯⋯⋯⋯⋯⋯⋯（88）
　　（五）机制检验⋯⋯⋯⋯⋯⋯⋯⋯⋯⋯⋯⋯⋯⋯⋯⋯⋯⋯⋯（96）
　　（六）本章小结⋯⋯⋯⋯⋯⋯⋯⋯⋯⋯⋯⋯⋯⋯⋯⋯⋯⋯⋯（100）

第七章　高校科技创新对企业研发的影响⋯⋯⋯⋯⋯⋯⋯⋯⋯⋯（103）
　　（一）理论分析与研究假设⋯⋯⋯⋯⋯⋯⋯⋯⋯⋯⋯⋯⋯⋯（105）
　　（二）数据、指标与模型构建⋯⋯⋯⋯⋯⋯⋯⋯⋯⋯⋯⋯⋯（109）
　　（三）实证分析⋯⋯⋯⋯⋯⋯⋯⋯⋯⋯⋯⋯⋯⋯⋯⋯⋯⋯⋯（114）
　　（四）机制检验⋯⋯⋯⋯⋯⋯⋯⋯⋯⋯⋯⋯⋯⋯⋯⋯⋯⋯⋯（119）
　　（五）异质性分析⋯⋯⋯⋯⋯⋯⋯⋯⋯⋯⋯⋯⋯⋯⋯⋯⋯⋯（121）
　　（六）本章小结⋯⋯⋯⋯⋯⋯⋯⋯⋯⋯⋯⋯⋯⋯⋯⋯⋯⋯⋯（125）

参考文献⋯⋯⋯⋯⋯⋯⋯⋯⋯⋯⋯⋯⋯⋯⋯⋯⋯⋯⋯⋯⋯⋯⋯⋯（127）

附表⋯⋯⋯⋯⋯⋯⋯⋯⋯⋯⋯⋯⋯⋯⋯⋯⋯⋯⋯⋯⋯⋯⋯⋯⋯⋯（144）

第一章
导　论

在"双循环"背景下，中国亟须转变过去依靠技术引进的发展模式，大力提升自主创新能力，尽快突破关键"卡脖子"技术，从而实现依靠创新驱动的内涵型增长。高校是创造知识的重要源泉，在国家创新体系①中扮演着重要角色。近年来，高等院校的科技研发投入呈现逐年攀升的趋势，2004~2015年，高校总研发投入从200亿元上市至1 000亿元，增长了4倍（见图1-1）。其中，政府投入是高校科技研发投入的主要来源，且逐年增长，2004年政府

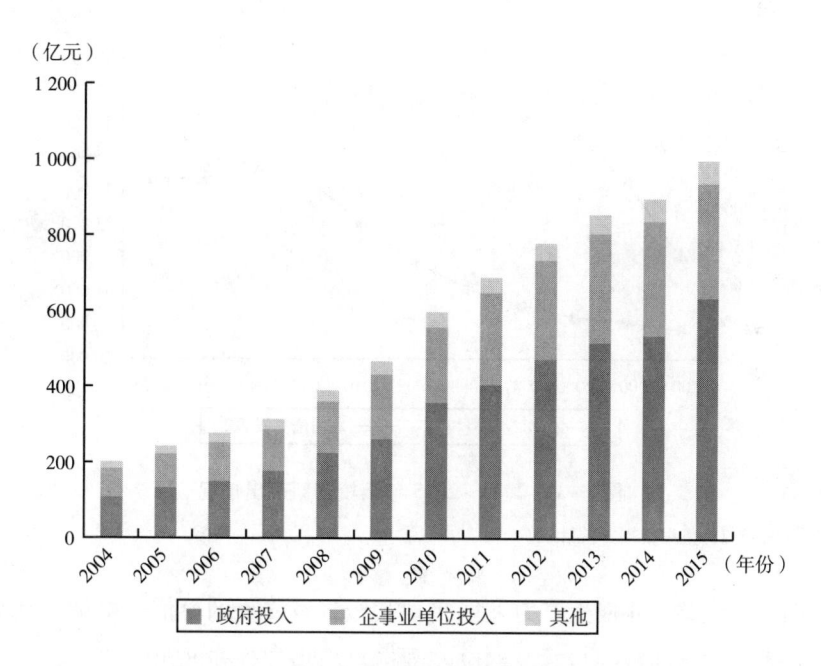

图1-1　2004~2015年高校研发经费投入情况

资料来源：整理自2004~2015年《高等学校科技统计资料汇编》。

---

① 《国家中长期科学和技术发展规划纲要（2006~2020年）》指出中国基本形成了政府、企业、科研院所高校、技术创新支撑服务体系四角相倚的创新体系。

投入占高校科技研发总投入的比例为54.16%，2010年首次突破60%，之后几年始终保持在60%的水平上下波动，2015年更是创下63.81%的新高[①]。

面对每年大量的科技研发投入，高校的科技创新产出能否与其投入成正比？我们采用高校人均专利数与人均论文发表数来衡量高校科技创新产出，如图1-2所示，10年间，人均专利申请量从302件/万人上升至3 588件/万人，增长了近11倍，而人均论文发表数从31 519篇/万人增长至34 389篇/万人，仅增长了9.1%。统计数据一方面说明了高校创新产出随着研发投入的增加而快速增长，高校科技创新能力日益增强；另一方面，也体现了越来越多的科研人员开始以专利的形式公开其研究成果。在以论文、著作等出版物为代表的开放科学（open science）成果缓慢增长的同时，是什么原因导致了以专利为代表的知识产权数量的激增呢？

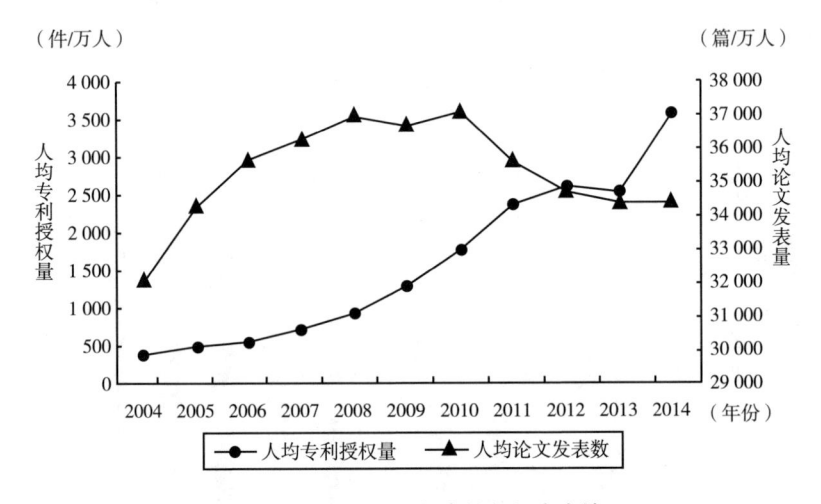

图1-2　2004~2015年高校创新产出情况

资料来源：整理自国家统计局。

创新知识要转化成生产力才能实现其经济意义上的价值，申请专利只是新技术走向应用的第一步。虽然以专利衡量的高校创新产出与研发投入呈正相关关系，但是高校科研成果不应该仅停留在专利的申请阶段，而应进一步探究如何将其进行商业化。数据显示，从2004~2015年，高校平均每年的专

---

① 数据来源：2004~2015年《高等学校科技统计资料汇编》。

利授权数量是45 715件，而平均每年的专利出售合同数量为1 615个，二者相除得到3.53%，这一比例表示高校每获得100件专利中只有3件专利技术能够实施转化。① 如图1-3所示，高校专利转化率整体呈下降趋势，由2004年的11.4%下降为2015年的2.12%。根据2013年美国大学经理人协会（Association of University Technology Managers，AUTM）发布的报告显示，美国194家大学和科研单位的科技成果利用率为29.8%，而中国187家主要大学和科研单位专利的利用率不超过5%。由此可见，中国高校科技成果转化率与发达国家相比仍存在较大差距。

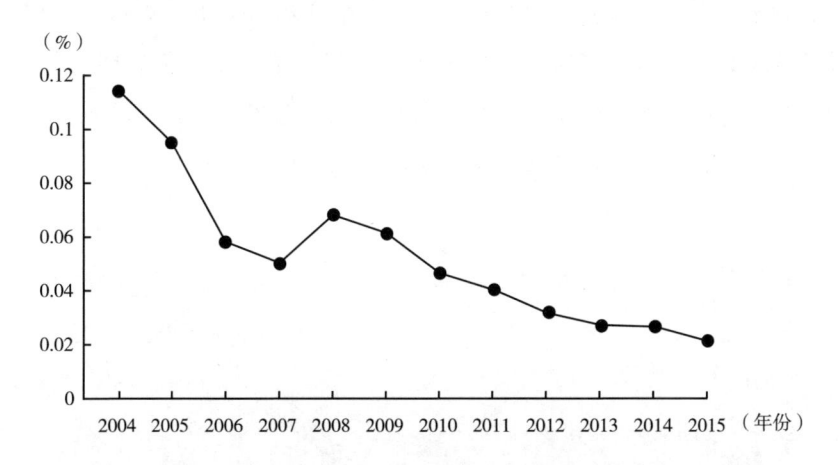

图1-3 2004~2015年高校专利成果转化率情况

资料来源：整理自2004~2015年《高等学校科技统计资料汇编》。

与此同时，在"创新驱动发展""大众创业，万众创新"的浪潮中，外界对高校创新知识和人才资源的需求与日俱增，高校的职能逐渐由过去的教学和基础研究扩大到参与新技术推广，甚至直接进行创业活动，如成立孵化企业。目前，国内不少高校都成立了自己的创业孵化园，重点扶持从校园中走出的创新科技型企业。而这些只是高校巨大知识储量的冰山一角，更多的情况是，高校知识通过学术发表、人才培养、咨询以及产学研合作等方式向外界"溢出"，这种知识溢出的效应究竟有多大？高校的知识溢出是否会受到地理因素的影响？近十年来，以高铁为代表的基础设施建设飞速发展，截

---

① 数据来源：笔者根据《高等学校科技统计资料汇编》和国家知识产权局专利数据计算得出。

止到2017年底，中国铁路营业里程达到12.7万公里，其中高铁2.5万公里，占世界高铁总量的66.3%，铁路电气化率、复线率分别居世界第一和第二位。① 不禁使人联想到，愈来愈便利的交通是否能够打破高校知识流动在地理距离上的限制，从而加快高校知识流通的速度与广度？

高校与企业之间的联系日益紧密，一个普遍发现是，企业的创新产出并不完全依赖于企业的内部研发，外部的研发活动（如高校等科研机构）也会对其产生积极的影响（Griliches，1991）。如图1-4所示，2008年之前，高校的创新知识更多地流入高校（以专利引用数衡量的知识流动轨迹），2009年起，越来越多的高校创新知识流向企业，并于2010年开始超过了高校流向高校的知识数量。这一事实是否能够解释近年来中国企业创新能力的提升？高校创新知识溢出能够在多大程度上提升企业研发水平与企业绩效？这一影响是否会在企业的规模、行业以及所有制层面产生异质性？

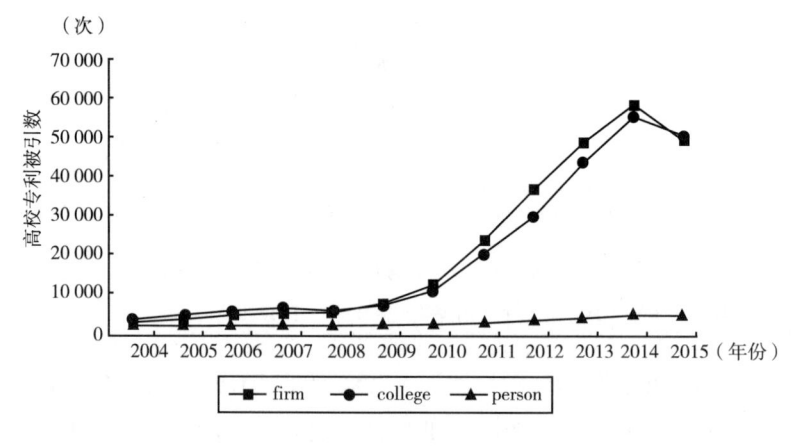

图 1-4 高校创新知识的流向

资料来源：数据整理自国家知识产权局（CNIPA）专利引用数据库。

为了回答上述问题，本书基于不完全信息理论与创新经济学相关理论，研究了高校职务科技成果所有权改革、科研人员职称评价改革以及高校专利奖励政策的施行如何影响高校科技创新的产出及转化绩效。进一步论证高校

---

① 数据来源：中华人民共和国交通运输部网站，https://www.mot.gov.cn/guowuyuanxinxi/201806/t20180627_3037837.html。

知识传播的空间特征以及交通基础设施的完善能否扩大高校知识的传播范围。从企业微观层面分析高校科技创新对地区创新及经济发展的影响，并讨论地区知识产权保护如何影响高校知识外溢的效率。以期为提升中国高校的科技创新绩效、破除中国高校资源分布不均以及加快推动产学合作的政策制定提供有益启示。

（一）研究目标及意义

在"知识经济"的背景下，我国提出了《国家中长期科学和技术发展规划纲要 2006－2020 年》，试图通过构建完善的国家创新体系来实现 2020 年进入世界创新型国家行列的目标。一种观点认为，高校作为知识的供给者为了满足社会对新知识与高技能人才的需求，需要不断加强自身的科研与教学能力。因此，高校是作为间接参与者来推动生产力进步与产业发展的。而另一种观点则认为高校是国家创新体系的直接参与者，因为高校直接参与到产业界技术问题的解决与应用性研究当中。近年来，政府越来越倾向于引导高校成为创新的直接参与者，鼓励高校就自身研究成果进行转化，这就要求高校参与到知识产权管理甚至是创业活动中去。从 1996 年颁布的《中华人民共和国促进科技成果转化法》到 1999 年的《中共中央、国务院关于加强技术创新、发展高科技、实现产业化的决定》再到 2008 年修订的《中华人民共和国科学技术进步法》最后到 2015 年新修订的《中华人民共和国促进科技成果转化法》等一系列法律法规的颁布与实施，都体现出政府大力推进高校创新、成果转化与产学研合作的政策目标。为了使高校在构建创新型国家与促进经济增长过程中发挥应有的作用，本书将在创新经济学相关理论框架下，采用高校与企业级微观数据全面系统地考察高校创新的动因、传播及其影响。具体而言，本书的研究主要围绕以下几个方面：

（1）本书梳理了 2000 年来"985"高校的创新激励政策的演变过程，将各类校级政策按照不同性质进行归类：产权激励类政策与非产权激励类政策。通过对比不同政策对高校创新产出数量、质量以及转化金额影响的差异来评估各类政策的有效性；进一步构造动态回归模型考察政策影响的动态效果，比较政策在短期和长期的不同影响，并对高校专利激励政策的影响机制进行

（2）利用专利引用微观数据探究高校创新知识流动的特征，重点考察距离对知识流动的影响以及这一影响在不同知识来源、不同技术类别以及不同知识接收者之间的异质性；用两地高铁直通作为外生冲击，进一步考察，便利的交通是否能够延缓高校知识流动在距离上的衰减程度。既丰富了知识溢出理论在中国的应用，又填补了交通基础设施在知识溢出领域应用的研究空白。

（3）利用上市公司与高校微观数据考察高校创新知识溢出对本省上市公司创新水平的影响。通过构建高校—企业技术相近度指标来刻画校企之间的"认知距离"，并将其引入回归模型，探究企业与高校之间的"认知距离"是否会影响企业对高校创新知识的吸收与利用。为进一步深化地区内产学研合作提供理论和实证依据，也为地方政府的产业政策提供切实有效的政策建议。

理论意义。 本书涉及创新经济学相关理论与不完全信息领域的多个理论，主要包含创新激励理论、知识溢出理论、知识生产理论、委托—代理理论以及信息不对称理论等。本书基于上述理论，以高校为主要研究对象，首先，比较了不同创新激励措施带来的影响，为明晰的产权保护能够有效促进创新提供了证据；其次，细化了距离在知识溢出过程中的影响效果，将中国高铁引入模型，进一步验证了距离与知识溢出存在负相关关系；最后，在知识生产函数模型[①]基础上，利用高校与企业的专利类别，构造一个新的衡量校企之间"技术相近度"的指标，丰富了已有模型的设定。

现实意义。 我国拥有来自高校的巨大知识储量与科技创新人才、较为完整的制造业产业链以及一个规模庞大的需求市场，若能够将高校与企业的优势有机结合，势必能够加快提升我国产业技术升级和劳动生产力水平。本书着眼于我国高校创新增长速度快、科技成果转化率低的问题，首先，从政策角度入手，通过手工搜集与整理各高校有关创新激励的政策文件来解释近年来我国高校创新活动的实际情况；其次，进一步深入探究高校知识流动的特征与规律，结合我国当前飞速发展的基础设施建设的情况，综合分析两地高铁直通对高校知识溢出的影响；再次，将高校创新产出及其溢出作用落脚到本地

---

① 该模型由贾菲（1989）首次提出。

企业的研发创新水平改善与绩效提高上，为企业转型升级、政府产业政策的制定提供经验证据；最后，立足国内现状，借鉴国内外经验，针对研究的问题提出相应的解决方案与政策建议，以上研究工作都具有很强的现实意义。

（二）研究思路与篇章结构

本书试图在创新经济学相关理论的框架上，以"大众创业，万众创新"的国策为背景，将中国高校作为研究对象，全面考察高校创新的政策动因、传播及其影响。具体地，本书首先就创新经济学中的理论（创新激励理论、知识溢出理论以及知识生产理论）与实证研究的发展脉络进行回顾和梳理，尤其是以高校创新为研究主体的文献研究现状进行归纳与评述。然后，介绍国内外高校职务科技成果所有权改革的历程，主要包含美国著名的拜杜法案（Bayh-Dole Act）、中国的职务科技成果所有权改革以及促进科技成果转化政策。接着进入本书的第一个核心内容，即考察高校各类创新激励政策（尤其是产权激励类政策）在短期和长期内对创新产出数量、质量以及转化水平的影响；第二个核心内容重点考察高校知识传播的空间特征及其在不同知识来源、不同技术领域以及不同知识接收者三个层面的异质性；第三个核心内容基于前文基础上，用两地高铁直通作为外生冲击，进一步考察，便利的交通是否能够延缓高校知识流动在距离上的衰减程度；第四个核心内容则考察了高校创新知识溢出对本地上市公司创新水平与绩效的影响。本书全面而详尽地刻画了高校知识从产生到传播再到其经济影响中的各个环节。本书的研究内容由以下七个章节构成：

第一章是导论。该部分主要概述了本书的背景、目标和意义，接着对研究框架、结构以及主要研究方法进行简要介绍，并提出本书的创新点。

第二章是文献综述。这一章节主要由理论回顾和实证回顾两部分构成，理论部分主要介绍了创新经济学理论的演变和发展，实证部分主要介绍了政策激励与高校创新、知识溢出与本地化以及高校科技创新的经济影响相关研究。最后是对已有文献进行简短的评述。

第三章是国内外高校职务科技成果所有权改革。这一章首先介绍了美国著名的 Bayh-Dole 法案的历史沿革及其对美国科技创新发展的巨大推动作用。

然后介绍中国有关职务科技成果所有权的改革，其中既包含国家层面的政策也包含高校层级的政策，并着重解释校级政策的条款内涵。最后介绍其他促进高校科技创新与成果转化的政策。

第四章是政策激励对高校创新产出及转化的影响。该部分重点考察高校各类创新激励政策对专利申请量、授权量、续期率、引用量及转化合同金额的影响。本章采用信息公开申请与网页查询的办法搜集了1998~2015年31所"985"高校关于产权激励类政策与其他非产权激励类政策（专利申请补贴、职称晋升激励、专利授权现金奖励等）的政策文本信息，通过对比政策实施前后各创新产出指标的变化来评估各项政策的效果，我们发现：有关财政资助科研项目所获专利的所有权改革在长期促进了高校专利申请量、授权量和续期率的提高，在短期促进了高校专利被引量和专利转化合同金额的增长。产权激励类政策的影响机制在于促使更多科研人员以专利形式公开其研究发现，并试图寻求商业化与国际专利布局。与产权激励类政策相比，一些非产权激励类政策的效果则不尽如人意。例如，专利申请补贴政策提高了申请量和授权量，但对续期率、引用量和转化合同金额没有显著影响；职称晋升激励政策提高了续期率与引用量；专利授权现金奖励则对所有创新产出指标均无显著影响。我们进一步使用动态回归以及倾向得分匹配PSM的方法来解决潜在的内生性问题，前述结论仍稳健成立。

第五章是高校知识传播的空间特征。这一章通过匹配中国专利引用数据库、城市高铁开通数据、中国城市统计年鉴以及高等学校科技统计年鉴，构造2000~2015年12 922个地级市配对（prefecture-pair）面板数据，考察中国高校知识在城市间流动的特征。研究发现，高校专利的被引可能性与被引次数随地理距离的增大而减小。"985"和"211"高校专利技术传播范围相对较广，化学、机械和电子类专利技术的传播受地理距离的影响较大。与"高校对高校"的知识溢出相比，"高校对企业"的知识溢出呈现更强的本地化特征。

第六章是交通基础设施建设对高校知识传播的影响。这一章基于高铁直通的外生冲击检验发现，高铁带来的"时空压缩效应"可使本地引用两小时车程内的外地高校专利的可能性增加4%、引用数提升17%。从全国范围看，高铁直通促进了知识从高校资源丰富地区向高校资源较少地区的扩散，但也使高校知识越来越集中于东部地区，导致西部地区高校知识的"流失"。机制分析结果显示，高铁开通是促进学术会议开办、科技服务以及技术转让等渠道促进了高校技术知识的传播。基于上述研究结论，本章从完善交通基础设施建设、提升高校专利质量以及平衡高校资源的地区间差异等角度提出了相应政策建议。

第七章是高校科技创新对企业研发的影响。这一章通过匹配中国高校专利数据与中国上市企业专利数据，构造企业与本省高校的"技术距离"指标，并将该指标引入企业知识生产函数模型，利用2008～2015年2 472家上市公司的非平衡面板数据考察高校知识溢出对异质性企业创新产出的影响。研究发现，高校科研投入每增加1%，与其"技术距离"越近的本省上市企业的研发产出将增加约2%，且高校知识溢出强度与校企间"技术距离"呈倒"U"型关系，即如果校企间技术结构过于相似反而会抑制知识溢出。高校知识溢出主要通过成果转化、科技服务与合作研发等途径促进企业创新。利用各省高校科研成果转化政策中的科研人员收益分成占比作为工具变量解决可能存在的内生性问题，结果仍然稳健。异质性分析表明：与私有企业相比，高校知识溢出对国有企业创新产出的正向影响更大；电子信息技术领域的企业从高校知识溢出中获益最大；知识产权保护越好的地区高校知识溢出对企业创新的影响越大。

（三）研究方法与数据

本书的研究方法主要是多元回归分析法、双重差分方法（difference-in-difference）、倾向得分匹配法（PSM）以及动态回归分析法，对于模型中可能存在的内生性问题，本书拟采用工具变量（IV）的方法来解决。

本书的主要数据来源如下：

《高等学校科技统计资料汇编》（1999～2015年）提供了每年全国各高等院校各项研究（基础研究、应用研究、试验发展）以及R&D成果应用、其他科技服务等活动的人力、经费支出以及科技成果产出等情况。缺点是有些年份的专利数据存在缺失（2003年、2004年与2007年）。

《高校历年创新激励政策文件》（1997～2015年）以邮件方式向39所

"985"高校的信息公开办公室发送了信息公开申请函，申请公开以下政策初次颁布的版本以及之后修订的所有版本：《科技成果转化管理办法》《专利管理办法》《专利基金管理办法》《无形资产管理办法》《大学科研成果奖励办法》，最终收集到31所高校的创新激励政策文件。

《国家知识产权局（CNIPA）专利数据库》（1985~2015年）为我们提供了截至2015年国家知识产权局受理与授权的所有专利信息，主要包含以下两方面：一是专利基础信息，包含专利名称、专利类别、申请日、授权日、申请人、发明人、分类号、法律状态等信息；二是专利引用信息，包含引证专利与被引专利的申请号、公开号、申请日期与公开日期。CNIPA是最权威的中国专利信息数据库。

《国泰安（CSMAR）数据库》（1990~2015年）提供了中国上市公司数据。相对于工业企业数据库，优点是时间跨度比较长，最新时间可更新到2015年。我们可以查询到上市公司名称、公司所在地以及上市公司年报中披露的详细财务信息。

《中国统计年鉴》（1999~2015年）提供了全国各地区的地区生产总值、人口与就业、科学技术、教育等翔实数据。

（四）研究创新点

在当前国家大力推进高校科研成果转化和产学研合作的背景下，本书试图基于创新经济学与不完全信息相关理论，以微观视角考察中国高校创新的动因、传播及其经济影响。本书可能的创新点主要体现在以下几个方面：

（1）在理论方面，本书利用委托代理理论解释了高校科技创新与成果转化效率低的问题，通过比较高校两类政策（产权激励与非产权激励类政策）的实施效果验证了"产权激励能够有效促进创新"的观点，为创新激励理论提供了有益补充；通过对知识流动模型中距离虚拟变量设置的改进，准确估计出知识流动在不同距离区间内的衰减情况，还进一步利用两地高铁直通对机制进行了再检验；在知识生产函数模型基础上，从中国的具体实际出发，构建了一个新的衡量校企紧密度的指标，为之后的相关研究提供借鉴。

（2）在计量方法上，本书考虑了高校创新激励政策的内生性问题，采用倾向得分匹配的方法（PSM）以及动态回归分析的方法检验了普通最小二乘法（OLS）估计结果的稳健性；在解决城市对层面高铁直通的内生性问题时，构造了合适的工具变量进行2SLS估计，纠正了普通最小二乘法（OLS）估计可能产生的偏差，提高了实证结果的可靠性。

（3）本书或许是国内首次采用大型专利微观数据全面、细致地考察高校创新产出的政策效应、高校创新知识的流动特征以及校企创新之间关系的研究。借助丰富的专利数据信息，本书构造了衡量高校专利质量的指标（专利续期率与专利被引数）以及高校—企业"技术相近度"指标，为今后的实证研究提供了大量素材。

（4）已有与中国高铁相关的研究主要围绕高铁对劳动力流动、房价、投资等方面的影响，本书在验证高校知识流动本地化特征的过程中，将高铁引入回归模型，进一步验证了距离是知识流动的主要影响因素，不仅将高铁因素纳入创新经济研究当中，同时也拓宽了高铁研究的范畴。

第二章
文献综述

本章主要围绕创新经济学领域相关的理论以及目前国内外研究现状进行回顾与整理，并寻找目前研究当中存在的不足及可能的研究方向。具体的综述内容主要包括两个部分：首先，厘清创新经济学主要理论的发展脉络；其次，整理出与本书相关的三支文献，包括：（1）政策激励与高校创新；（2）知识溢出与本地化；（3）高校科技创新的经济影响。

（一）创新经济学理论的发展及演变

熊彼特创新。熊彼特（Schumpeter，1961）在《经济增长理论》中首次提出了创新（innovation）的概念，他认为创新有别于发明（invention）和创造（creative），它不是一种技术层面的概念，而是一种经济层面的概念。创新具有两个重要的基本特征：创造性积累（creative accumulation）与创造性破坏（creative destruction）。

后来的学者把熊彼特的创造性积累（creative accumulation）归纳为五类，并对其表现形式进行了逐一说明：一是产品创新。即一种新型产品或服务将改变已有生产程序和消费网络。二是工艺创新。即一项新的生产技术将改变投入要素与产出质量。三是组织创新。即新的市场结构要求商业组织形式及其发展战略进行适应性调整。四是市场创新。是指由贸易全球化带来的市场结构变化。五是投入要素创新。是指将一种新的原材料或中间品引入经济系统（Andersen，2011）。

在熊彼特的演化增长模型中，创造性破坏（creative destruction）包含两种：一种是假设存在一个熊彼特式的企业（S-entrepreneurs），原来面临的是一个高于生产成本的市场价格，且这一价格可能会因某些新项目的新增需求而被推高，但是当这类新增需求减少时，如果企业仍然依照其原有路径进行生产，而没有迅速做出反应，那么当市场价格降到其生产成本之下，这类企业将面临破产。另一种创造性破坏是指，市场中的一些企业试图通过创新来提高其生产力与生产效率，如果它们成功了，那么那些因循守旧的企业将无法承受压力而被迫退出。学者们进一步区分了新成立企业中的创新以及寡头竞争中的创新（Phlips, 1995; Freeman, 1982）。

熊彼特还强调了创新活动中企业家的重要性，进一步指出选拔人才的机制不合理、缺乏对人才的制度化激励、缺乏鼓励冒险与容忍失败的社会氛围都将严重阻碍企业家的孕育、培养和造就。

熊彼特创新理论提出之后，不少学者从不同角度对该理论做了新的阐释，丰富了已有理论的内涵。一些人认为如果没有技术进步对资本回报率下降的补偿，资本积累带来的经济增长将难以维持。当资本作为创新的投入时，资本的增加就能产生知识积累，为经济增长率提供持续的动力（Howitt and Aghion, 1998）。进一步分析发现，创新提高技术水平主要表现在生产过程中的纵向和横向两个方面。纵向创新是生产过程涉及的中间品数量的增加和其生产效率的改善，横向创新涉及新产品的创造，这两类创新都能够促进产出的增加从而推动经济增长（Howitt, 1999）。创新除了能够直接提高生产效率，还可以通过提高引致创新水平实现进一步的经济增长。例如，通用技术的发展往往为特定技术的创新提供了良好的土壤，带来了更高的创新回报，可以进一步带动相关行业的发展，促进新一轮的经济增长（Bresnahan and Trajtenberg, 1995）。另一些学者指出技术进步有利于提高国家的收入水平。在生产过程中，创新能够提高技术水平进而影响投入的产出效率。企业在知识产权的保护下可以利用新技术实现产品的垄断利润，直到其他竞争者也实现技术突破；在这种创新环境下，社会人均产出会持续增加。创新不仅能够为企业自身带来商机从而降低其风险、增强其生存能力，而且在稳态时生产效率高的企业会不断挤出部门内生产率较低的企业，因此创新活动还能通过资源重新配置而提高部门总体的发展水平（Grossman and Helpman, 1994; Cefis and Marsili, 2006; Lentz and Mortensen, 2008）。

创新系统理论。新熊彼特主义者弗里德曼（Freeman, 1974）分别从微观、宏观和创新政策视角对创新的历史发展进行了详尽的梳理，形成了创新经济学。新熊彼特主义者们认为产业革命以来出现的贸易、技术分工和专业化以及地区间经济差异等现象的根本原因在于科技创新，他们在为政策制定者提供政策建议的过程中逐步形成了"创新系统"理论。在"创新系统"理论的影响之下，各国政府开始关注和讨论如何建设国家创新系统，包括制度保障（如知识产权保护）、研发投入、相关配套措施（如互联网）、产学研合作、公私部门研发角色的定位、对外直接投资、技术转移和贸易政策等多个方面的问题（Carlsson，2002）。弗里德曼（Freeman，1987）将创新系统理论运用于解释一些国家经济繁荣发展的原因（如日本），验证了创新系统对处于转型升级中的国家所发挥的重要作用。20世纪90年代后期，又再次迎来了创新政策研究的高潮，这些研究主要围绕创新导向型的知识基础展开讨论。近年来，创新理论开始逐渐融入各国的产业政策和公司治理之中，并且有逐步细化的趋势，从吸引人才、创新税收优惠、创新与金融、高新技术园区、公司制度等视角展开研究，旨在将所有涉及创新活动的因素涵盖进来，探索出一种良好、可持续的创新生态环境（Hermosilla，2010）。

从不同维度看，创新系统理论又被分为国家创新系统理论、区域创新系统理论和产业创新系统理论。弗里德曼（Freeman，1995）认为国家创新系统是由一国范围内的创新活动主体（包括公共或私营部门）所组成的，这些创新主体类似于网络中的节点，各节点不仅能够独立进行创新活动，而且节点之间还能进行合作与互动，主要体现为知识的扩散、人员的流动以及产业群活动等。随着系统内创新活动越来越频繁，新技术、新产品不断诞生，不仅给系统内各创新主体带来物质收益，而且还推动着技术与制度创新的有效结合。有学者指出，国家创新系统的核心要素组成包括：公共科研机构、政府、企业与培训机构等，这些关键主体代表着技术创新、制度创新以及知识创新，是国家创新系统的中坚力量（Metcalfe & Ramlogan，2008）。

区域创新系统。区域创新系统侧重于强调创新系统会受到地理界线或不同行政制度安排的影响。库克认为区域创新系统中的高校、企业以及其他研究机构是分工合作的，且他们的创新活动之间存在较大的关联性。这种区域性组织系统的形成是为了支持区域创新。有学者认为，区域创新系统的特征主要体现为系统性，即区域内各主体创新活动的关联性、整体性、多样性、开放性和自反馈性（Nasierowski & Arcelus，1999）。研究通过对11个欧洲国家的区域创新系统进行研究，他们发现，区域创新系统是由明确的地理界定与行政安排的机构所构成的创新网络,这一网络通过制度性学习、联合治理、经济聚集、资本相近以及互动创新五个维度相互作用,最终促进整个区域内创新产出的提升(Cooke & Schienstock,2000)。

产业创新系统。李春艳和刘力臻(2007)认为,产业创新系统包括技术研发、产品创新、市场开拓与产业发展,各环节之间是相互依存、相互促进的。企业为了解决技术瓶颈会率先追加投入开展研发活动,在实现技术突破并成功产业化之后,企业开始生产新的产品,新产品被市场认可后,企业开始不断扩大新的市场份额,同时在行业内通过技术与产品的扩散逐渐形成产业集群,产业集群又进一步加大市场容量,并最终推动产业创新。

(二) 政策激励与高校创新

高校的研发创新大部分属于基础研究,而基础研究具有公共品特性,即表现出非排他性与非竞争性特征:一方面基础研究成果一旦公布,发明人很难阻止其他人使用;另一方面,人们对研究成果的运用并不因使用人数的增加而受到影响。基础研究的公共品特性引发了学术界以及政府部门的担忧。[①]大部分研究认为,无论在私人部门(企业)还是公共部门(大学与科研机构)都存在基础研发投入不足的问题。有研究从理论角度阐释了基础研究的投入总是低于最优水平的原因:在不考虑信息流通成本的情况下,获取新知识的边际成本为零,从福利的角度出发,新知识应该被免费分享,而这将使发明人失去创新的动力,进而导致基础研究投入低于最优水平。然而,学者们证实了一些非市场奖励体系以及政府的介入在一定程度上减缓了市场失灵,我们将介绍这些机制及政策(Arrow,1962)。

1. 优先权体系

莫顿(Merton,1957)建立了科学发现的优先权理论。优先权是指学术界对科学发现"第一人"赋予的一种权利,也是对其贡献的认可。它的表现

[①] 因为公共品可能导致"市场失灵":一是非排他性导致"搭便车"行为,使得公共品提供者无法获得经济回报;二是非竞争性导致边际成本为零,在竞争市场下(即边际成本等于边际收益),公共品的供给无法达到有效水平,常常体现为供给水平低于有效水平。

形式多种多样，既可以是命名法，即以科学家的姓名来命名科学发现，也可以是各种奖项，如诺贝尔奖等。而发表学术论文则是建立优先权的必要步骤，因此，在优先权奖励体系之下，科学家有动力迅速发表其研究发现，以免被他人"抢先一步"。

莫顿（Merton，1988）解释道，科学领域的优先权奖励体系会使公共物品得以部分私人化，即科学家能够从其研究成果中获得一定收益（如声誉）。只要声誉的提高会带来金钱奖励与研究资源，那么这一制度就会更好地刺激基础知识的产生，引导科学家迅速分享信息，从而建立声誉。有研究认为优先权能通过放弃对一项新知识的专有权而创造一项私有资产——一种知识财产。也即对于基础研究的"搭便车"问题的奖励机制不一定是金钱形式（Dasgupta & Maskin，1987）。莫顿（1988）进一步指出虽然科学知识是公共品，但是却不会带来公共地悲剧的问题，因为对公共知识的反复利用进一步扩大了（而非缩减）公共知识量。而且，科学研究具有"马太效应"，即学术界对那些具有特殊贡献的"明星"学者的同行认可度会大幅增加，而对尚未取得成绩的"新晋"科学家的认可度则会大幅度减少。

在优先权奖励体系之下，部分科学家成为"学术权威"，加之"马太效应"，使得这部分科学家在一些领域拥有极大的学术垄断权。有研究开始讨论"什么推动了科技进步——奖励还是葬礼?"他们的实证结果颠覆了之前的研究结论：那些获得重要奖项的科学家在获奖后大多不在其原有的研究领域内深耕细作，而是转向陌生领域的研究，重新开辟研究领域使其耗费大量精力，导致其之后的研究活动毫无建树，因此，获奖反而为他们的学术生命画上了句号（Borjas & Doran，2013）；另外一些研究则发现那些正值创造力顶峰的科学家英年早逝后，同领域的其他科学家的创新产出有显著的增长，这种增长不仅抵消了学术权威去世造成的研究产出下降，而且很快成为推动学科发展的新力量。由此观之，奖励制度有时候成为学术生涯的"葬礼"，而学术权威的"葬礼"却为科学发展注入了新的动力（Azoulay et al.，2019）。

此外，在实证中，论文的引用信息在优先权体系中扮演着重要角色，它既有工具的特性又有象征的特性。从工具性讲，它告诉我们前人的贡献；从象征意义上来说，它标志着知识的权利归属以及同行认可。

2. 资助制度

学者们发现，在优先权制度下，除非声誉能够完全转化为资源，否则这种激励方式并不足以保证有效率的基础研究供给。

有研究认为，资助制度的差异会影响创新产出的效率，目前还鲜有对这一问题的研究，已有研究则主要以美国为研究对象。资助制度主要分为两种：同行评审授予制度（peer-review grants system）以及"研究机构"制度（under the "institute" approach）。二者最大的区别在于前者的资助对象是科学家，而后者则是其所在机构。"研究机构"制度能够保证科学家在很长一段时间内遵循研究计划展开研究（研究结果未知），并且节省科学家自己去寻找基金资助的成本。但是这一制度的缺点在于：（1）很多研究方向由机构领导决定，年轻科学家的想法受到约束；（2）如果缺乏有效的监督方法，很可能会产生怠工现象；（3）会推动人才分层，促使无法获得终身职位的人进行转移。而同行评审授予制度的优势就在于能鼓励科学家一直保持高产，如果他们希望拥有科研资助（比如一间实验室）就必须保持活跃。具体说来，授予制度的优势在于：（1）获得资助不完全依赖过去的成就，该体系会为上年落选的基金申请者提供机会；（2）同行评审机制可能会提升信息质量，也有利于信息分享；（3）激发科学家的创业者精神，要获得资助都需要发挥强大的"游说"能力，说服"投资人"给项目投资。但授予体系也产生了较多弊端：（1）科学家将耗费大量精力耗费在资金申请与行政程序上，无法专心科研；（2）促使科学家选择短期成功率大的项目，这种项目很可能在长期并不具备较高的社会价值；（3）促使科学家用即将完成的工作项目去申请基金，而实际上将部分资金用于可能获得更多资金的研究或用于高风险而无法获得资金的研究（Stephan，2012）。

实证分析中，一些研究从投入—产出角度考察了基金资助对高校创新的影响，研究发现，高校研发投入与创新产出（如期刊论文、著作以及专利等）呈现正相关关系，因而，他们认为适当增加大学的研发经费投入能够有效实现创新产出的规模效应（付晔等，2010；王少青，2002；徐凯和高山行，2006、2008；Ahn et al.，1988；Adams and Griliches，2000）。然而，以高校研发经费支出总量和人力总量作为投入指标进行实证分析会带来一些问题。一些学者认为，不应笼统地看大学研发资金投入的总量指标，而应深入分析这些资金的配比，因为，只有了解了大学科研资源的结构与分布，才能更好地观察到大学研发投入—产出的异质性影响（郭江江等，2014；严成樑和龚六堂，2013；史欣向等，2012；朱月仙和方曙，2007）。

3. 大学研究的商业化

优先权体系给高校教师们带来了声誉，资助制度能够保障高校教师科研项目的正常进行，相比之下，直接以物质报酬形式（工资或收入）对杰出科研工作者进行奖励则显得更加"市场化"。

有学者认为大学对教师的报酬激励、是否重视地方经济的发展以及政府管制会影响大学专利许可的绩效。该研究使用1995~1999年美国大学面板数据对大学科技人员的创新动机进行分析，研究发现私立高校比公立高校更倾向于采取报酬激励政策，但是在控制住报酬激励因素之后，高校所有权对专利许可的绩效的影响就消失了。估计结果显示采取报酬激励政策会使平均每项专利授权许可收入提高30%~40%。但是，如果大学更偏好将专利技术许可给当地企业或是政府管制越强，则会使平均每项专利授权许可收入下降30%（Belenzon and Schankerman，2007）。另一些研究通过对美国62所大学的创新成果以及转化过程进行分析，得出只有将发明人与发明人的收入与许可收益挂钩（如专利权使用费或股权等激励形式），才能促进高校创新与成果转化。有学者进一步指出高校的学术能力是影响高校创新的另一个重要原因，他们在前人研究的基础上，加入了一系列指标来衡量高校的学术能力，包括在生物科技、机械工程以及物理科学三个领域博士点的教授数量以及教授排名（Jensen and Thursby，2001；Thursby and Kemp，2002）。

在大学研究商业化的相关文献中，对高校科研成果所有权改革的政策效果评估是一大分支（Aghion and Tirole，1994；Green and Scotchmer，1995；Hvide and Jones，2018）。这些研究认为创新活动中的所有权和收益权分配应该按照参与主体的贡献程度进行分配。在动态创新博弈中，可以通过扩大对初始创新者的专利权保护或允许初始创新者与之后的创新者之间签订合作协议来保护初始创新者的创新收益。在高校科技成果转化的情境之下，科研人员是创新成果的直接完成者，贡献不言而喻。但成果转化同时也依赖高校提供的基础设施与研究平台。在实证研究中，很难对各主体的贡献程度进行量化。

目前，全球在高校科研成果所有权分配方面主要包含两大体系：一是美国的"Bayh-Dole"体系；二是欧洲的"教授特权"体系。美国的"Bayh-Dole"体系将联邦资金资助项目的发明所有权下放到大学，允许大学进行专利的许可与转让，并要求大学与发明人分享收益。已有文献认为，在Bayh-Dole法案的激励下，科学家更愿意向大学公开他们的发明，从而显著提高大学专利申请量和许可数量，这或许是因为"高校都变得更加企业化"（Colyvas et al.，2002）。然而，关于政策对披露质量影响的研究则存在争议。有研究用专利引用量作为衡量专利价值的指标对Bayh-Dole实施之后的大学专利进行研究，他们发现虽然大学专利数量上升了，但是专利质量却下降了（Henderson et al.，1998）。Bayh-Dole法案对科技成果转化有显著的促进作用。政策影响机制包括推动技术转移办公室（Technology Transfer Offices，TTO）的设立以及与科研人员共享转化收益。TTO通过降低技术转移过程中的信息不对称，提高了技术转移效率（Siegel et al.，2003；Stadler，2007）。有学者考察了专利转化分成比例如何影响科学家们向TTO披露其成果的决定。他们利用高校间收益分成比例的差异估计出，分成比例越高的学校信息披露比例也越高（Lach and Schankerman，2004）。Bayh-Dole法案也可能产生负面影响，研究发现，在物质激励下，科研人员可能会更倾向于从事应用性研究，从而忽视基础研究（Colyvas et al.，2002）。

在欧洲的"教授特权"体系之下，高校一直无法从教授的专利申请活动中获利，而科学家能够独立开展与企业或政府实验室之间的合作，签订协议与转让专利权。这导致欧洲的大部分学术专利不是以高校作为申请人被记录在案，而是以教授姓名作为申请人。据此，有研究根据专利申请人与可知的高校教师信息相匹配，评估了芬兰、意大利、挪威、法国和瑞典等国的学术专利成果（Meyer，2003；Balconi et al.，2004；Iversen et al.，2007；Lissoni et al.，2008）。然而，欧洲一些国家的大学开始考虑逐步收回高校专利的权利。另一项研究考察了挪威政府取消"教授特权"制度对大学创新产出的影响。研究发现政策实施使教授创业数以及专利申请数约下降了50%，同时，创业公司的绩效以及专利引用数的下降说明了政策对创新质量产生了消极影响（Hvide and Jones，2018）。

近年来，有文献开始关注中国背景下财政资助科研成果所有权下放与收益权共享政策的实施效果。唐明凤等（2014）使用描述性统计分析方法考察了2002年产权激励类政策对国内两所高校（清华大学和重庆大学）专利申请与转化收益的影响，研究发现，产权激励类政策促进了高校专利数量与专利许可量的增长。另一些研究则发现，收益分配政策会使高校教师更倾向于向学校披露其科研成果，并且能够显著促进高校的科技成果转化（Fong et al.，2018；Chang et al.，2016）。易巍和龙小宁（2021）的研究发现，参与科研成果权属改革的高校对应的专利申请量、授权量和续期率在长期得到了提高，引用量和转化合同金额则实现了短期增长。政策的影响机制在于激励更多科研人员以专利形式公开其研究发现并寻求商业化与国际专利布局。

除了上述三种激励制度（优先权制度、基金资助制度以及大学研究商）之外，一些研究则更多地强调个人的偏好的能力等对创新产出的影响。他们从福利角度出发，分析了个人工作选择偏好如何影响其创新绩效。具体来说，通过对1700位在私人部门工作的（制造业以及服务业）理工类博士生就业动机的调查，考察就业动机对其创新产出（专利数量）以及工作绩效（工资水平）的影响。结果显示，那些希望获得更高的报酬、实现个人技术的突破、追求研发独立性的博士毕业生的创新产出更高。而那些追求工作的稳定性和责任感的人的创新产出较低。令人惊讶的是，他们发现工作时长与创新产出之间没有显著联系。这反过来说明了，动机对创新产出的影响是通过其他"维度"的努力来实现的，即取决于"何种努力（如将精力放在项目的选择或信息的分享）"，而非"多少努力？"（Sauermann & Cohen，2010）。

他们的研究给政府以及企业创新激励制度的设计提供了启发：除了考虑金钱激励以外，还应该考虑非金钱激励（即考虑科学家个人的偏好），这种个人偏好作为一种内在的原始动力很可能在创新过程中起到更为关键的作用。但不可否认的是，要识别这种内在动机的困难也会更大。

（三）知识溢出与本地化

知识溢出是指通过信息交换获得知识的过程，在这一过程中知识接收者没有向知识生产者支付直接的报酬，或是支付的报酬远低于知识的价值（Caniels，2000）。

1. 知识溢出的本地化

已有研究发现，知识溢出在地理维度上呈现出本地化特征（Bottazzi & Peri, 2003；Branstetter, 2001；Jaffe et al., 1993；Sonn & Storper, 2008；Maurseth & Verspagen, 2010）。他们认为，知识（knowledge）的传播与信息（information）传播不同，信息传播的成本因电子信息技术的发展而大大降低，但是知识传播的成本，尤其是隐性知识（tacit knowledge）则会随着地理距离的增大而提高。学者们进一步对显性知识和隐性知识做了区分：显性知识（codified knowledge）是指能够从出版物或是其他文本化的资料中获得的技术信息，易于通过传统媒体进行传播，因此其传播的空间范围很广。与之相反，隐性知识是个体特定能力的组成部分，在很大程度上体现的是某个特定区域内社会和制度环境作用的结果。因而，面对面交流是隐性知识传播的最佳途径，要想实现隐性知识的远距离传播则较为困难（Gertler, 2003）。

知识溢出在创新活动中无处不在，对溢出效应的衡量一直是个难题。随着各国专利数据的电子化以及公开化，研究人员可以广泛运用专利数据进行知识溢出的研究。贾菲等（Jaffe et al., 1993）开创性地利用引用数据来对知识溢出的本地化进行检验，为该研究领域构建起一套研究范式。贾菲等（1993）的研究目标包括：一是通过匹配引证专利（有引用别人的专利）与被引专利的地理位置，来验证知识溢出是否具有本地化特点；二是考察哪些因素会影响本地化效应。试验巧妙地设置了对照组样本，为每一个引证专利找到一个对照专利，然后通过比较两组专利与被引专利的地理匹配度得出知识溢出存在本地化的结论。此外，他们还发现基础研究在传播速度上并未表现出比其他研究更快。在利用专利数据研究知识溢出的领域内，贾菲等（1993）的研究设计成为了标准方法得到广泛的应用（Almeida, 1996；Hicks et al., 2001；Sonn & Storper, 2008）。另外一些研究基于1985~2004年的中国专利数据，运用高校和产业界的专利合作申请数作为知识溢出衡量指标来研究高校—产业间的合作关系，结果显示地理距离是阻碍高校与产业间合作的一个因素，知识的流动具有本地化趋势（Hong & Su, 2013）。也有学者从地理及技术两个维度考察了高校与企业创新合作网络的特征与构成，研究发现合作伙伴的技术关联性与创新价值呈倒"U"型关系，而且高校与企业之间的地理距离和原有联系呈正相关关系，这可以促进高校和企业产出更多的创新成果（Petruzzelli，2011）。

专利引用分析并非是评估知识溢出效应的唯一方法，人员的流动以及商品的流通也可以用于追踪知识溢出的路径。扎克和达比（Zucker & Darby，1996）发现生物技术领域内的"明星"科学家（那些取得重大技术突破的科学家）的集聚促进了同一区域内新生物科技供应商的高度集聚。阿尔梅达和科古特（Almeida & Kogut，1997）则以半导体行业为研究对象，发现该行业中的明星专利持有人的流动模式与技术转让活动高度一致，从而直接影响了地理维度上的知识溢出方式。费尔德曼（Feldman，1999）认为可以在商品贸易中探索知识溢出。但是在贸易研究领域，数据一般是国别层面，地区层级的贸易数据难以获得。另一些研究发现，在国际贸易中更常见的情形是技术扩散（technology diffusion）而非知识扩散（knowledge diffusion），因而国际贸易领域有关技术扩散的研究仅被认为是国与国之间知识溢出的简化版。双边贸易流通与不同形式的沟通和信息交流密切相关，在实证中很难将国别间纯粹的知识流动效应与内嵌于高端资本密集型商品中的技术流动区分开（Jaffe & Trajtenberg，1999，2002）。

2. 高校知识溢出的机制

随着科技竞争的加速演进，高校越来越被视为推动科技创新与经济增长的引擎。在知识经济体中，高校通过培养人才、提供创意或孵化新公司等方式向经济社会输入源源不断的新观点、新技术。学者们将知识溢出视为内生增长模型中的重要机制，但是他们没有回答知识溢出是如何在高校、企业或个人之间发生的（Grossman and Helpman，1991；Romer，1986；Lucas，1988，1993）。费尔德曼（Feldman et al.，2002）指出，知识溢出的过程非常复杂，它受到地区制度、社会习惯、法律权力以及偏好的影响。因此，在当前政府的科技研发支出不断增长的背景下，理解知识溢出的作用机制或许能够使公共科研支出在公私部门发挥更大作用。

阿格拉瓦尔（Agrawal，2002a，2002b）认为本地化的知识溢出与知识获取方的能力密切相关，这些能力包括识别、吸收和应用新的科学知识的能力。科恩和莱文塔尔（Cohen and Levinthal，1989，1990）发现致力于内部研发的企业在提升自身创新能力的同时还能够强化对外部新知识溢出的吸收能力，通过将外部知识内化进而实现收益回报。科伯恩和亨德森（Cockburn and

Henderson，1998）认为与上游基础研究联系紧密的企业具有更强的"吸收"外部知识的能力，他们利用医药行业企业聘请"明星"学者的数量、与企业—高校合作论文数量等指标来度量企业与"开放科学"的紧密度，研究发现，与大学保持紧密联系的企业能够从外部知识中获利更多。曼斯菲尔德（Mansfield，1995，1998）最早提出企业可以从大学实验室中获取可用于商业开发的基础知识，他进一步考察了地理距离在高校—产业合作中的关系，发现距离因素只在应用类技术的合作中有影响，而当涉及基础研究的合作时，企业已经准备好克服一切距离上的困难了。许多文献证实了，即使在控制住行业研发的地理位置因素之后，高校的知识溢出仍然能够有效促进企业的创新（Jaffe，1989；Acs et al.，1994；Audretsch and Feldman，1996；Feldman and Audretsch，1999）。

另一支文献则强调关系网络与社会资本在知识溢出中的作用，这些网络将个人、团体、企业、行业、地区以及国家联系在一起，为多层次、多角度分析知识溢出的机制提供可能。有研究发现研究型大学通过吸引人才、与本地企业进行科技成果转化、向产业界输出人才以及搭建企业、个人以及政府机构沟通交流平台等方式促进知识溢出（Powell et al.，1996；Florida and Cohen，1999；Feldman et al.，2002）。冈珀斯和勒纳（Gompers and Lerner，1999）研究了地理位置如何影响风险资本公司的选址，结果发现大部分风险资本高度集中于加州、纽约和新英格兰。索伦森和斯图尔特（Sorenson and Stuart，1999）发现地理位置会影响风险投资的可能，通过分析 1986~1988 年美国风险资本投资的决定因素，他们发现风险资本家投资于特定目标项目的可能性会随着地理距离的增加而下降。除了"地理距离"之外，"技术距离"也会影响知识的溢出，一些发现地理距离对知识溢出的影响取决于区域内的行业集中度，行业集中度越高的地区知识溢出的效应越大（Autant-Bernard，2001a、2001b；Orlando，2000）。

（四）高校科技创新的经济影响

高校创新在经济增长中的重要作用得到了学术界的广泛认可（Mansfield，1991，Narin et al.，1997）。从 90 年代开始，学者们使用大量计量方法来衡量大学创新对经济增长的影响。大部分研究将格里利切斯（Griliches，1979）的知识生产函数模型与"知识溢出"理论相结合，构造出新的模型。在这一框架下，企业创新产出并不完全取决于企业内部研发活动，还取决于其他企业研发活动以及公共研发活动（Griliches，1991）。因此，可以将大学创新产出作为投入要素纳入企业的创新生产函数中。贾菲（1989）的研究被认为是这一领域的开创性研究。为了评估美国高校创新的真实效应，贾菲（1989）对一个"模拟的知识产出方程"进行估计，被解释变量是企业的专利数量，解释变量包括高校R&D支出以及一个衡量州内企业与高校之间地理相关性的指标。实证结果显示，高校的R&D支出对当地的企业专利数量有显著的正向影响，这一结论在控制了企业内部R&D投入与州人口之后仍然稳健。之后的许多研究都与贾菲（1989）的研究类似，这些研究使用小企业创新数据（SDBIB）中的创新指标，控制了产品的地理集中程度等因素之后，他们发现创新活动在空间上总是集中于那些需要大量研发、大量创新以及高技能劳动者等要素投入的行业（Audretsch and Feldman，1996；Feldman and Audretsch，1999）。艾克斯（Acs et al.，1994）则发现小企业的创新产出对大学研发的弹性要比大企业更大，即对于那些缺乏资金进行内部研发的小企业而言，在获取高校创新的溢出时更具有比较优势。安赛林（Anselin et al.，1997）在贾菲（1989）模型的基础上加入了跨界影响因素，结果发现高校创新对地区创新速度有正向影响。瓦尔加（Varga，2000）考察了美国大都会区的创新对高校R&D投入的弹性，研究发现高校R&D投入只有在商业服务与高科技产业领域发展到关键阶段时才会对创新有显著的影响。卡德姆和普波（Cardamone and Pupo，2015）运用企业级数据分析了意大利的大学对企业创新可能性的影响，利用校属企业、高校专利数以及合作开发合同数作为衡量技术转化的指标，实证结果表明，高校科技成果转化会提高本省制造业企业进行创新的可能性，而且这种影响存在地区异质性与行业异质性，意大利的东北部和中部地区相较于其他地区的影响效果更明显，科技型企业和规模越大的企业的影响效果更明显。

也有研究利用论文信息作为高校创新产出的代理变量。曼斯菲尔德（Mansfield，1991）以问卷调查的形式来确定76家美国制造业企业的研发活动是否与基础研究相关，研究发现在1975～1985年，大约有1/10的新产品或新工艺来源于学术研究，通过估算得出，从学术研究的发现到第一件新产品的问世之间的时间差约为 7 年。纳林等（Narin et al.，1997）通过查找与构建学术论文和专利之间的引用关系，发现 73% 的企业专利引用了高校或政府研究机构的学术论文，且企业对学术论文的这种依赖度呈现逐渐上升的趋势。他们进一步对被引文章的特征进行研究发现，文章内容多为相当基础的科研成果，一般为近期发表在具有很大影响因子的国内顶级期刊上，并受到国家卫生院（NIH）与国家科学基金（NSF）的大力资助。此外，他们还发现发明人更倾向于引用本国的论文，平均而言引用量达到 2~4 篇。莱顿等（Leten et al.，2010）运用 1995~2002 年世界上研发支出最大的 33 家医药公司数据来考察内部/外部基础研究对企业创新绩效的影响。他们使用企业发表论文数作为内部基础研究的代理变量，将引证他人文献作为获取外部基础研究的证据。研究结果显示，进行内部基础研究的企业的技术有显著提升，尤其是那些与高校进行合作研发的企业技术提升更快；同时，企业从外部获取基础研究成果也能有效提升自身的技术水平，且内部研发水平越高的公司汲取外部信息的能力就越高，证明了企业内部研发与外部研发之间的互补性。也有学者将基础研究与应用研究进行比较研究，发现研究目的的差异使得研发活动对经济增长的影响也有所不同。阿蒙（Amon，2009）将基础研究与应用研究纳入一个产品多样性扩张的经济增长模型之中，发现基础研究是经济增长的充分且必要的条件，具体来说，当应用研究达到知识边界之时，经济增长将完全依赖基础研究；从长期来看，基础研究与应用研究能够共同促进经济增长，同时政府对研发的补助能够有效刺激创新；阿奇吉特和汉利（Akcigit and Hanley，2021）构建了一个技术进步内生的一般均衡模型，在模型中分别纳入基础研究与应用研究，并指出二者的主要区别在于：首先，基础研究的溢出效应会体现为跨行业特征，而应用研究仅对特定行业的创新产生影响；其次，基础研究的潜在回报取决于其诞生的部门（私人部门或是公共部门），私人部门中的基础研究成果能够更快被转化为产品，从而获利。他们发现基础研究能够通过提升应用研究的效率（60%）来促进经济增长。

尼尔森（Nelson，1959）认为基础研究的经济价值不在于使企业获得短期利润，而在于在长期形成知识积累以备企业的不时之需。阿什和斯瑞福

(Ash & Thrift, 1995)认为大学的创新活动具有重要意义,其不仅体现在促进科技进步与生产发展上,还有助于经济落后地区创新意识与创新精神的培育。曼斯菲尔德(Mansfield, 1991a, 1991b, 1995, 1998)运用调查数据对1975~1985年50个研发密集型企业进行研究,证实了高校研究对产业发展的影响相较于其他创新投入因素而言十分有限,且具有行业异质性。然而,当时间跨度向后推移至1986~1994年时,他发现大约9%的新产品以及3.5%的新工艺(总价值超过1 000亿美元)来源于高校创新。因此,曼斯菲尔德认为高校创新对产业的贡献正在提升。

(五) 简要评述

现有文献在政策激励与创新、知识溢出以及高校对经济发展的影响方面有不少研究,为本书提供了坚实的理论基础。然而,现有研究在以下方面仍然存在改进之处:

(1) 关于高校创新激励政策评估方面的文献主要将美国作为研究对象,这既是理论缺陷,也是实证缺陷。美国高校体系具有一定的特殊性,与其他国家的情况存在较大差异,因此,未来还需在这个方向展开更多的实证研究,既需要美国案例也需要考虑其他国家。中国高校与美国高校在体制上就存在许多差异,例如,中国高校属于事业单位受到上级主管部门的监管,高校的资产(包括有形和无形资产)属于国有资产,中国高校的老师大多是事业编制而非学校的雇员等。

(2) 为数不多的针对中国高校创新激励政策的研究也存在诸多问题。在样本选择上不具备一般性,要么围绕国内几所顶尖高校,要么选择专利数量多的高校;在实证设计方面,没有从实际情况出发,忽视了中国高校创新渐进式改革方式以及各高校政策执行的时间与力度差异,导致估计出来的政策效果混杂了其他因素。因而,采用微观层面的校级数据进行政策效果评估能够得到更加准确的结果。

(3) 现有关于知识溢出本地化的研究结论大多从专利引用、企业选址等现象中直接观察得到,没有进一步检验距离因素的作用机制。当距离"缩短"之后,地区间的知识溢出效应是否会更明显?哪些行业对距离更加敏感？这些问题可以通过进一步结合诸如交通基础设施状况以及互联网技术等现实状况得到解答。

（4）在分析高校对企业创新的影响问题上，大多数文献仅考虑"地理距离"因素，没有考虑"技术距离"的因素，没有回答控制了"地理距离"之后，还有哪些因素会对高校知识的溢出产生影响？

第三章
国内外高校职务科技成果所有权改革

在激烈的国际竞争环境下,世界各国开始纷纷探索如何推动高校科技创新与成果转化。其中,通过对政府资助科研项目所获科技成果进行所有权改革尤为引人关注。本章将首先介绍美国著名的 Bayh-Dole 法案,其次梳理中国有关职务科技成果所有权改革的政策,最后介绍与高校科技创新和成果转化相关的其他激励措施。

(一) 美国的拜杜法案

1980 年之前,美国联邦政府对大学的研发投入逐年增加,但大学研发人员向政府披露的专利数量却越来越少,研发人员没有动力去申请专利或实施技术转化。1976 年联邦政府资助获得的 28 000 项专利中只有不到5%的专利被转化。[1] 来自印第安纳州的参议员伯奇·拜赫(Birch Bayh)与来自堪萨斯州的参议员鲍勃·杜尔(Bob Dole)指出,问题的根源在于所有联邦政府出资的研究项目的专利所有权归政府所有,不允许大学实施独占许可,造成发明人与发明隔离,且联邦政府没有关于大学专利商业化的统一政策。在两位参议员的提议之下,美国参众两院于 1980 年颁布了以他们的名字命名的拜杜法案(Bayh-Dole Act),从此以后,美国高校的专利活动及产业合作发生了飞速的发展。

Bayh-Dole 法案允许大学取得联邦基金资助的研究项目的发明所有权,联邦政府仅保留"介入权"。允许大学进行知识产权的独占许可,且必须将一部分许可费收入奖励给发明人。Bayh-Dole 法案的实质就是政府通过让渡对基

---

[1] 数据来源:波士顿学院技术转移和许可办公室(Boston College Office of Technology Transfer & Licensing)。

础研究的专有权，使得科学家能够获取基础研究带来的经济利益，被视为防止潜在市场失灵的必要举措。正如科斯提出的"英国的灯塔"制度，英国政府授予建造灯塔的私人部门一定的权利，以保证其能够向所有使用灯塔的人收费。自1980年Bayh-Dole法案出台以来，美国高校的专利申请数量呈惊人的上升趋势，这也促使高校专利问题在近30年成为经济分析的重点关注领域。

Bayh-Dole法案与高校创新产出。许多学者发现，在Bayh-Dole法案的激励下，科学家更愿意向大学公开他们的发明，从而显著提高了大学专利申请量和许可数量，这或许是因为"高校都变得更加企业化"（Thursby & Thuesby，2003；Mowery et al.，2001；Colyvas et al.，2002；Sampat et al.，2003）。亨德森等（Henderson et al.，1998）发现，Bayh-Dole法案实施以后，美国高校的专利申请数的增长比企业以及个人的增长要快得多，参与专利申请的高校数量从1965年的30所上升至1991年的150所。

已有研究对于Bayh-Dole法案促进高校专利数量增长的结论较为一致，但关于Bayh-Dole法案对高校创新质量的影响则结论不一。亨德森等（1998）用专利引用量作为衡量专利价值的指标对Bayh-Dole实施之后的大学专利进行研究，他们发现虽然大学专利数量上升了，但是专利质量却下降了，可能的原因是：实力较弱的大学的专利占比逐渐上升，其专利的低引用率拉低了专利总体引用率，抑或是这一时期所有大学的专利引用率都在下降。桑帕特等（Sampat et al.，2003）运用时间跨度更长的专利引用数据对亨德森等（1998）的研究进行了重新验证，发现他们的研究结果在长时间样本下并不稳健，造成这一结果的原因可能是存在截断偏差（truncation bias）。桑帕特等（2003）用了专利的总引用数对大学专利质量进行评估，发现Bayh-Dole实施之后的大学专利的质量并没有下降。茅利和齐多尼斯（Mowery and Ziedonis，2001）与茅利等（Mowery et al.，2002）的研究也支持这一观点。

Bayh-Dole法案、"开放科学"与高校究方向。默顿（Merton，1973）最早提出了高校"开放科学"（open science）的概念。"开放科学"是指高校—产业间知识流动的几条重要渠道，它包括出版、会议以及非正式信息交换。"开放科学"的重要性不仅体现在促进产业发展，更重要的是它能够促进以后的学术研究，正如牛顿所说的"站在巨人的肩膀上"。"开放科学"十分强调科学研究中信息共享与交流的重要性。在 1980 年以前,"开放科学"一直是美国大学知识传播的主要途径,大学也尽量避免直接参与科学技术的商业化活动中,因为一旦技术实施转化,被许可企业为了保护其自身利益与增加市场势力,通常会要求高校实施独占许可,这就使得大学的知识不再是能够免费使用的公共物品,"开放科学"支持者们认为这违背了大学创造知识的纯粹性。因此,部分学者认为 Bayh-Dole 法案的实施将阻碍高校知识的流动,由于利益的驱动,可能挤占知识的"开放科学"传播途径(Argyres and Liebeskind, 1998; Dasgupta and David, 1987; Stern, 2004; Colombo et al, 2010)。然而,阿格拉瓦尔和亨德森(Agrawal and Henderson, 2001)通过研究 MIT 电子工程、计算机学科和机械工程系中的出版物和专利产出,证明了这两种创新产出途径是互补性的,而非替代性的。

此外,不少学者认为在 Bayh-Dole 法案的激励之下,科学家们会改变其研究倾向,从原来的基础研究转向应用研究。茅利等(2001)纠正了这一结论,他们基于专利数据进行实证检验,发现大学并没有转变其进行基础研究的目标,他认为 Bayh-Dole 的主要影响是使那些私立大学进入专利申请的行列中。有学者考察了政府以及企业对高校的研发投入、行业哑变量、师资力量以及技术转移办公室(TTO)等因素对发明披露、专利申请以及专利许可合同数的影响。他们发现 Bayh-Dole 法案并没有改变科学家们的研究方向,只是使得他们申请专利与许可专利的倾向增强了(Thursby and Thursby, 2002)。科利瓦斯(Colyvas et al., 2002)对哥伦比亚大学和斯坦福大学的 11 个重量级专利进行分析后,发现这些专利并非源自应用性研究,而是源于旨在解决实际问题的基础性研究。

Bayh-Dole 法案与高校科技成果转化。Bayh-Dole 法案的政策目标并不是为了给大学创收或是将大学研究从基础研究引向应用研究,而是为了充分利用公共资金资助的创新成果,促进这些成果向商业部门的转化。在促进高校科技成果转化过程中,技术转移办公室(Technology Transfer Offices, TTO)起到了至关重要的作用。Bayh-Dole 法案促使美国大学纷纷成立自己的技术许可办公室,有研究发现从 1980 年起,高校专利数量与技术许可办公室呈相似的上升趋势(Sampat, 2006)。TTO 运营模式为:首先由发明人向 TTO 披露新发明的信息;获得发明信息后,由 TTO 的技术经理进行技术评估,独立决定学校是否要将此发明申请专利；获得专利授权后，技术经理在不泄露技术机密的情况下，广泛与企业接触（潜在被许可方），并负责营销与谈判。如企业有意向取得该项发明的使用许可，则可以跟 TTO 的技术经理签订专利许可协议或选择权协议。技术成功实现转化后，TTO 作为高校的代理人将继续履行监督被许可企业的专利执行、代收许可费以及后续的技术支持与咨询等职责，甚至还将参与一系列与产品市场化及市场反馈相关的商务活动中（卜昕，2014）。

TTO 降低了技术转移过程中的信息不对称，有利于提高技术转移的效率（Siegel et al.，2003；Stadler，2007）。西格尔等（Siegel et al.，2003）认为对科学家的奖励机制、TTO 的补偿机制以及高校与产业界的文化壁垒是影响高校科技成果转化的关键因素。格雷戈里奥和谢恩（Gregorio and Shane，2003）发现大学的学术水平越高、学校出资入股 TTO 办公室的构建以及给发明人的收益分配比例更低能够促进发明人的创业倾向。其中第三点似乎有些反直觉，作者给出的解释是发明人的收益分配比例越高，其进行自主创业的机会成本就越高，因为如果将技术许可给其他企业，发明人就已经能够获得一个高收益，因此削弱了其创业的动机。瑟斯比和詹森（Thursby and Jensen，2001）以 62 所美国的研究型大学作为调查对象，调查结果显示，71% 的调查者认为 TTO 的主要目的是通过技术转让创造收益。卡尔松和弗里德（Carlsson and Frid，2002）认为 TTO 不仅可以为大学带来收益，还可以促进大学在教学和研究上的平衡。欧文和鲍威尔（Owen and Powell，2001）在分析生命科学和物理科学的技术转移时，发现技术转移的成功由研究者对 TTO 的态度决定，研究者与 TTO 之间工作容易程度影响着他们是否向 TTO 披露其研究成果。罗塔尔梅尔和瑟斯比（Rothaermel and Thursby，2005）等认为 TTO 建立了大学与产业界之间的联系。

一些研究利用科研人员在专利转化中的收益占比等微观数据，考察收益分配机制对创新产出的影响。拉赫和尚克曼（Lach and Schankerman，2004）考察了专利转化分成比例如何影响科学家们向 TTO 披露其成果的决定。他们利用高校间收益分成比例的差异估计出，分成比例越高的学校信息披露比例也越高。他们的研究是少有专注于对发明信息披露领域的研究，对本研究有很大的启发意义。事实上，本书在第四章研究中国高校的"Bayh-Dole"政策影响时，使用的方法就是借鉴了拉赫和尚克曼（2004）的方法。

除此之外，也有研究指出高校的科技成果转化会引起一些公共问题。研究通过列举 Coben-Boyer 的重组 DNA 技术商业化以及 Richard Axel 的一项生物研究工具的商业化两个案例得出，即使大学没有参与专利申请与专利许可，科技成果转化也会发生。并进一步指出 Bayh-Dole 法案只是给大学创造了获利的途径，而大学获得的技术转让收益其实是一种向产业部门变相征收的税赋，这种税收带来的无谓损失会经过市场最终转嫁给消费者（Sampat，2006）。普尔西内利（Pulsinelli, 2007）则认为 Bayh-Dole 法案会带来双重课税（double taxation）的问题。首先，他表示大学用于科学研究的资金大多数是来源于政府部门，这是第一重税收资金的使用；其次，当大学专利实现产业化之后，生产部门又再次将专利许可费转嫁给消费者，相当于二次课税。

Bayh-Dole 法案与产业发展。茅利等（2001）认为 Bayh-Dole 法案在生物科技研究成果专利的申请上给予高校前所未有的自由度，是当时美国生物技术迅猛发展的重要原因之一。Bayh-Dole 法案彻底改变了大学与产业之间的关系。豪斯曼（Hausman, 2012）的实证研究发现，从长期来看，Bayh-Dole 法案会通过提高大学的创新能力以及政府资助项目的研发来影响地区经济发展。在 Bayh-Dole 法案实施之后，与当地大学优势学科相近行业的就业率以及人均收入会上升，高校创新的影响会随着高校辐射距离的缩小而增强，那些在 Bayh-Dole 法案颁布之前接受了大量政府研发资助的大学在 1980 年政策实施之后更大地带动了周边就业水平。

美国 Bayh-Dole 法案对解决基础研究"公共品"问题的创新性尝试，使得目前大多数理论及实证研究的对象主要局限于美国。这决定了这些文献中隐含的假设明显参考了美国高校的体系。首先，美国高校对教师实行一定程度的控制，教师类似学校的雇员，而世界上很多国家的高校（包括中国）教师属于事业编制人员；其次，美国高校独立于联邦政府的自治权是其他国家无法企及的，其研究型私立大学的规模和数量在世界范围内也处于领先水平；最后，美国的高校和产业间的流动性很强，各行业对新技术以及博士毕业生的需求极大，为新思想和高端人才提供了广阔的市场。这在其他国家（包括许多发达国家在内）是无法实现的。若高校与产业间的流动性不强，高校教师如何对科技成果转化政策做出回应？这些都是亟待回答的重要问题。

（二）中国的职务科技成果所有权改革

1999年，中国高校研发投入为63.5亿元，占政府研发总支出的9.3%，而高校专利数量仅占全国专利总量的1.3%，高校获得授权的近13 000件专利中仅有约2%的专利被转化，专利转化合同金额仅占研发支出的1.7%，高校科研成果呈现出专利化与专利转化程度"双低"的特征。[①]

可能的原因在于：(1) 专利申请费用高、手续繁、耗时长。由于高校研究大多为基础性研究，一般来说基础性研究成果更适合申请保护期限更长、审查更为严格的发明专利，而发明专利从递交申请到最终获得授权一般需要耗时2~4年甚至更久，并且申请需缴纳的费用包括：专利申请费、印刷费、申请附加费以及2 500元的实质审查费，获得授权之后的专利还需要缴纳年费来维持其有效性。(2) 高校考核体系不完善，缺乏知识产权保护意识。论文和课题研究一直以来是高校教师考核的主要内容，高校科研处在对项目进行考核、验收时大多以论文的发表数量和质量作为衡量标准，导致许多新技术由于论文的发表而丧失新颖性在申请专利时被驳回（Guo，2007）。部分将专利纳入考核范围的高校也仅是以数量作为考核依据，并不关注专利背后的商业价值与转化情况。(3) 高校对职务发明[②]人的奖酬力度不足。彼时，大多数高校参照1992年颁布的《中华人民共和国专利法实施细则》实行"一奖二酬"的政策[③]，政策规定使得职务发明人的付出得不到合理的回报，极大地打击了发明人的积极性。(4) 高校专利作为国有资产，受到学校及政府部门的严格监管。由于中国高校的大部分科研经费来自国家财政，科研成果

[①] 数据整理自《中国科技统计年鉴》《高等学校科技统计资料汇编》与国家知识产权局专利数据。

[②] 《中华人民共和国专利法》中职务发明的定义为：执行本单位的任务或者主要是利用本单位的物质技术条件所完成的发明创造为职务发明创造。

[③] 1992年颁布的《中华人民共和国专利法实施细则》规定：专利申请被授权后，职务发明的所在单位应给予发明人"一奖二酬"。"一奖"的标准是：发明专利不少于200元，实用新型和外观设计不少于50元。"二酬"是指从本单位实施该专利的税后利润中提取0.5%~2%（发明或实用新型）或0.05%~0.2%（外观设计）作为发明人的报酬，或者在许可其他单位使用的情况下，从收取的使用费中税后提取5%~10%作为发明人的报酬。

属于国有无形资产,所有权归属国家。一方面,发明人一旦将技术披露给学校变为职务发明,就失去了其对该技术的大部分权利,得到的只是微薄的收益;另一方面,企业由于高校专利的国有资产性质也不敢贸然与高校进行合作。对国有资产流失的顾虑成为悬在发明人、高校和企业头上的一把利剑。综上所述,高校教师在对收益 – 成本考量之后,并没有太大动力参与专利的申请与转化。

1. 国家层面的政策

自 2000 年起,国家陆续颁布了一系列有关高校专利权属及收益分配的政策(见表 3 – 1)。2000 年颁布的《关于加强与科技有关的知识产权保护和管理工作的若干意见》将高校专利的所有权下放到高校,但科研人员仅享有精神权利。由于大多数中国高校是政府下属的事业单位,因此由财政资金资助的科研项目专利成果会作为无形资产受到国有资产管理条例的约束,实施专利转化需要经过各级行政部门的层层审批。如果没有赋予高校对专利的处置权,那么专利权的下放只能是形同虚设。因而,国务院于 2002 年颁布了《关于国家科研计划项目研究成果知识产权管理的若干规定》,进一步放开高校对专利实施的自主决定权,并明确要求给予科研人员奖励和报酬。

表 3 – 1   我国产权激励类政策的演变

政策	政策规定	政策说明
2000 年《关于加强与科技有关的知识产权保护和管理工作的若干意见》	执行国家科技计划项目所形成科技成果的知识产权,可以由承担单位所有;发明人享有发明权、发现权及其他科技成果权等精神权利	专利所有权下放到高校
2002 年《关于加强与科技有关的知识产权保护和管理工作的若干意见》	国家将以财政资助为主的科研项目研究成果的知识产权授予项目承担单位。项目承担单位可以依法自主决定实施、许可他人实施、转让、作价入股等,并取得相应的收益;项目承担单位要对科研项目研究成果完成人和为成果转化做出贡献的人员给予奖励和报酬	高校可以自主决定实施专利,并要求给予发明人奖励和报酬
2016 年 实施《促进科技成果转化法》若干规定	建立科技成果转化重大事项领导班子集体决策制度;免除单位领导在科技成果定价中因后续价值变化产生的决策责任	消除高校关于国有资产流失问题的顾虑,进一步强化高校的自主决策权

资料来源:教育部以及科技部网站。

政策实施以来，中国高校专利的申请量和授权量保持了持续的增长（见图3-1），人均专利申请量从2002年的374件/万人增长到2014年的4476件/万人，增长了近12倍；人均专利授权量从2002年的124件/万人增长到2014年的2537件/万人，增长了约20倍；而专利转化合同金额实现了翻番，从2002年的1215元/人增长到2014年的2239元/人。此后，为了消除高校对于可能造成国有资产流失的顾虑，国务院于2016年颁布的《实施促进科技成果转化法若干规定》中免除了校领导的决策责任，进一步强化了高校的自主决策权。

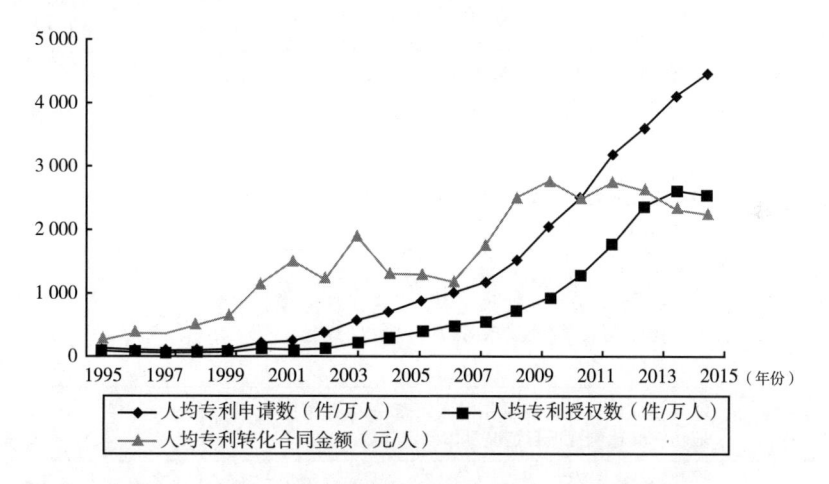

图3-1 1995~2014年中国高校专利申请、授权与转化情况

资料来源：《中国统计年鉴》《高等学校科技统计资料汇编》。

2. 高校层面的政策

在国家政策出台后，各大高校陆续制定了更为详尽的校级条例以及配套的办法，并制定了相应的校级政策。该政策规定专利转化所得收益应在学校、院系以及发明人之间按一定比例进行分配，充分体现了产权激励类政策的核心精神。由于专利转化形式的不同，收益分配政策可进一步分为股权收益分成（equity share）与转让/许可费分成（royalty share）两类，具体政策条款以及适用高校的归纳总结如表3-2所示。两种收益分配制度的差异在于，股权收益分成使发明人能够分享专利技术的未来收益，激励发明人参与专利转化以及之后的技术测试、产品开发以及推广。而转让/许可费分成则是在完成专利转让或许可之后给予发明人的一次性收益分配，发明人无法分享专利的未来收益。从企业角度看，为了防止由信息不对称带来的"道德风险"问题，企业一般更倾向于接受高校教师的技术入股，从而能够保持与高校教师的长期合作（Dechenaux et al. , 2011；Chang, 2016）。二者相较，股权收益分成政策更有利于促进高校专利技术的商业化。

表 3-2　　　　　　产权激励类政策的主要条款及其适用高校

解释变量	政策条款	适用高校
股权收益分成（equity share）	①以技术资产入股方式对职务科研成果实施转化的，技术发明人享有股权收益的*%，学校享有股权收益的*%，院系享有股权收益的*%	浙江大学、西北农林科技大学、清华大学、大连理工大学、华南理工大学、重庆大学、武汉大学、南京大学
	②以年利润或销售额提成形式出售专利使用权或转让技术成果其收入的*%上缴学校，各单位可提取不超过*%的管理费，余下部分奖励给项目组	北京大学
	③学校知识产权作价出资获得的股权，学校可将*%的股权奖励给成果完成人，剩余股权由产业集团代表学校持有，该部分股权的收益，学校和院系各享*%	华中科技大学
	④科技成果入股，成果完成人可部分持有作价股份，其比例视项目情况具体商定	天津大学
转让费、许可费分成比例（royalty share）	①专利转让和许可获得的收益按***的分配比例由学校、院系、研发人员分别所有	浙江大学、南京大学、清华大学、华中科技大学、中国农业大学、重庆大学、武汉大学、四川大学、南京大学
	②学校将其知识产权转让给他人或许可他人使用的，从转让或许可使用所取得的税后收益中，提取不低于*%的比例，对完成该项职务发明创造及其转化作出重要贡献的人员给予奖励	天津大学、电子科技大学
	③学校对外转让专利技术取得的收益按如下比例分配：学校*%，学院（系）*%、直属法人单位*%、发明人*%	武汉大学、东南大学
	④分级奖励：收益小于*万元的分成比例为*%；收益大于*万元的，其中*万元按照*%奖励，超过部分的分成比例为*%	西北农林科技大学、厦门大学

注：*表示具体分配比例或分配数额。
资料来源：高校信息公开申请回复、高校科技处/科研处网站以及百度搜索引擎。

（三）其他促进高校科技创新与成果转化的政策

高校职务科技成果所有权改革政策的主要目标在于推动高校专利的转化，同时，巨大的经济刺激可能会间接带动高校专利数量的增长，相比之下，专利申请补贴政策则能够直接地促进高校科研成果的专利化。一些学校成立了"专利基金"用于资助教师专利申请所需费用以及之后的维护费用，降低了专利申请与维持的成本，可以预期这将会促进高校专利申请量的提高，具体政策条款以及适用高校的归纳如表 3-3 所示。然而，由补贴带来的成本转嫁有可能使发明人在申请专利时不考虑技术的经济价值，一味追求专利数量上的增长，而降低专利质量（龙小宁和王俊，2015）。此外，不少高校还通过将专利数量和转化业绩纳入职称考评体系或是给予发明人一次性现金奖励[①]的方式来鼓励教师参与专利活动。

表 3-3　　　　非产权激励类政策的主要条款及其适用高校

解释变量	政策条款	适用高校
专利申请补贴（subsidy）	①对第一申请人为**大学的发明专利，由学校资助申请所需费用，资助授权后3年年费	厦门大学、浙江大学、电子科技大学、同济大学
	②委托与学校有合作协议的代理机构办理发明专利申请的，学校资助代理费，授权后资助其申请费以及第1~3年年费	大连理工大学、西安交通大学
	③学校设立知识产权专项基金，用于补贴专利的申请和维护，及其他知识产权保护方面的有关费用	中山大学、清华大学、天津大学、华中科技大学、华南理工大学
职称晋升（tenure）	①对于积极推动科技成果转化的有关单位和个人，学校将给予奖励，并将成果转化的业绩与科研工作量核定、职称评定挂钩	中国农业大学、华中科技大学、吉林大学
	②授权专利可与科研论文等一同视为科研成果，作为教师聘任、考核的业绩及条件	中山大学、天津大学、同济大学
	③国内外专利的申请与授权、"中国专利奖"和"发明创业奖"的获得、专利权的作价入股投资以及专利负责人参与学校股份企业的相关科技活动等纳入评职晋级等绩效考核评价体系	吉林大学、电子科技大学、清华大学、大连理工大学

[①] 一般来说，发明专利获得授权后奖励2 000元/件，实用新型及外观设计奖励500元/件。

续表

解释变量	政策条款	适用高校
现金奖励 (bonus)	①专利权被授予后，学校对发明人或设计人给予适当奖励，一项发明专利的奖金为**元，一项实用新型专利或外观设计专利的奖金为**元	上海交通大学、中南大学、北京大学、清华大学、浙江大学
	②发明专利授权后奖励金额为**元/个，实用新型专利授权后奖励金额为**元/个	南开大学、厦门大学、西北农林科技大学、同济大学、华南理工大学学、湖南大学、南开大学

资料来源：高校信息公开申请回复、高校科技处/科研处网站以及百度搜索引擎。

第四章
政策激励对高校创新产出及转化的影响

长期以来，中国高校的科研成果呈现出专利化与专利转化程度"双低"的特征。高校的许多新技术、新发明往往随着课题结项或是论文发表而终止，无法最终转化为产值，造成了极大的资源浪费。已有研究发现，利用好、实施好高校的科研成果不仅能够带动本地企业的 R&D 投入（Jaffe, 1989; Cardamone & Pupo, 2015），促进高科技行业专利数量与新产品产值的提升（魏守华等, 2013），还能进一步推动地区就业与工资的增长（Hausman, 2013）。因此，在建设创新型国家的战略背景下，探讨如何提升高校科技成果转化水平，使高校成为中国经济建设的"助推器"至关重要。

中国政府 2000~2016 年陆续出台了鼓励高校实施科研成果转化的政策，政策将财政资金资助项目的专利所有权下放至高校，并赋予高校对专利实施的自主决策权，要求专利转化收益必须与科研人员共享。这项改革虽然在内容上与美国的 BD 法案极为相似，但在中国渐进式改革模式下，各高校一方面选择在不同年度采取不同的相关政策，另一方面还受到有关国有资产处置的诸多约束。因此，产权激励政策是否真正落地，其促进高校创新的实施效果究竟如何？这仍是值得探究的重要问题。

（一）委托—代理理论

信息在委托—代理问题中发挥着重要作用。在对称信息的情形下，代理人的行为能被观察到，委托人可以根据观测到的代理人行为支付报酬；而在信息不对称的情况下，委托人无法观测到代理人的行为，此时代理人有可能采取损害委托人利益的行动（Holmstrom and Milgrom, 1991）。在科研人员从事科学研究过程中，大学作为委托方无法观测到发明人付出的全部努力，也无法对发明人的技术转移活动采取有效监督。在不完全信息的情况下，科研人员有动机不对学校披露具有应用价值的创新成果，并以其他方式（专家咨询或自主创业）自行将新技术转移到产业界。此外，高校与科研人员的目标也存在不一致。科研人员的目标在于公开发表论文以建立声誉和获得职称，而大学在推进科技成果转化时要求对新技术申请专利保护。然而，研究成果一旦以论文形式公开后就丧失了新颖性，无法继续申请专利。

委托人可以通过制定满足与代理人激励相容的合同来达到最大期望效用。产权的明晰和合理分配有利于解决委托—代理合同的实施问题（卢阳旭和龚旭，2019；毛世平等，2019）。因此，明确高校科研成果的产权归属，合理分配科技成果转化所得收益能够使科研人员的目标与学校趋于一致，激励科研人员参与成果披露与转化。

（二）数据与描述性统计

为了考察高校促进科研成果转化与专利化政策对其创新产出的影响，我们综合了两方面数据：一是政策类数据。搜集自高校信息公开办、科技处或科研处网站以及百度搜索引擎。二是高校专利、研发人员数量以及研发支出金额。搜集自国家知识产权局专利数据库（包含法律状态信息库以及引用信息库）与《高等学校科技统计资料汇编》。本章将分别介绍各数据的来源与处理情况，再进行相应的描述性统计分析。

具体来说，我们通过以下三种途径搜集各高校的专利激励政策（按主次排列）：首先，依据《高等学校信息公开办法》的有关规定，我们以邮件方式向39所"985"高校提交了信息公开申请，申请公开的内容包括各类有关促进科技成果转化与知识产权管理政策文件的初始版本以及修订版本；其次，在"985"院校的科技处以及科研处网站中的"政策规定"一栏逐个查找相关政策文件；最后，在百度搜索引擎上以"大学名称"加"知识产权管理""专利管理""科技成果转化""专利奖励"等作为关键词进行搜索。这三条途径获取的信息互为补充，最终得到了1998～2015年31所"985"高校的专利激励政策及修订的文本信息，其中17所高校的信息为高校信息公开办提供。通过人工阅读的方式，本书提取了不同高校各项政策颁布的时间，并整理成表格形式以供实证研究（见表4-1）。

表 4-1　"985"高校促进科研成果转化与专利化政策的颁布时间

实施年份	BD 类政策 作价入股股份分成	BD 类政策 转让/许可费分成	专利申请补贴	非 BD 类政策 职称晋升激励	现金奖励
2000	1/1 北京大学	1/1 北京大学	—	—	1/1 北京大学
2001	1/2 中国农业大学	3/4 中南大学；中国农业大学；清华大学	1/1 北京大学	2/2 中国农业大学；清华大学	2/3 中南大学；清华大学
2002	0/2	0/4	4/5 华东师范大学；大连理工大学；山东大学；西安交通大学	0/2	1/4 西安交通大学
2003	2/4 中山大学；厦门大学	3/7 中山大学；厦门大学；湖南大学	6/11 中国农业大学；兰州大学；华南理工大学；南京大学；南开大学；同济大学	2/4 中山大学；南京大学	5/9 兰州大学；南京大学；南开大学；同济大学；湖南大学
2004	1/5 中国海洋大学	0/7	2/13 中国海洋大学；湖南大学	1/5 湖南大学	0/9
2005	3/8 南京大学；天津大学；浙江大学	4/11 南京大学；天津大学；浙江大学；电子科技大学	2/15 浙江大学；电子科技大学	2/7 天津大学；电子科技大学	1/10 浙江大学
2006	2/10 华东师范大学；华南理工大学	1/12 华东师范大学	4/19 华中科技大学；天津大学；中南大学；中山大学	1/8 中南大学	2/12 中山大学；华南理工大学
2007	3/13 上海交通大学；大连理工大学；西北农林科技大学	2/14 上海交通大学；西北农林大学	2/21 上海交通大学；厦门大学	3/11 中国海洋大学；厦门大学；大连理工大学	2/14 上海交通大学；华东师范大学
2008	0/13	0/14	1/22 重庆大学	1/12 重庆大学	2/16 华中科技大学；厦门大学
2009	4/17 兰州大学；四川大学；清华大学；重庆大学	4/18 兰州大学；四川大学；武汉大学；重庆大学	1/23 清华大学	2/14 北京师范大学；武汉大学	1/17 中国农业大学
2010	1/18 吉林大学	0/18	1/24 东南大学	2/16 东南大学；兰州大学	1/18 东南大学
2011	0/18	0/18	0/24	1/17 中国人民大学	1/19 北京师范大学

续表

实施年份	BD 类政策 作价入股股份分成	BD 类政策 转让/许可费分成	专利申请补贴	非 BD 类政策 职称晋升激励	现金奖励
2012	3/21 东南大学；中南大学；武汉大学	2/20 东南大学；吉林大学	0/24	2/19 吉林大学；同济大学	0/19
2013	1/22 华中科技大学	3/23 北京师范大学；华中科技大学；山东大学	1/25 北京师范大学	3/22 华中科技大学；华南理工大学；山东大学	2/21 复旦大学；山东大学
2014	1/23 中国人民大学	2/25 中国人民大学；西安交通大学	1/26 中国人民大学	0/22	2/23 中国人民大学；武汉大学
2015	0/23	0/25	0/26	0/22	0/23

注：表中大学名称前面的数字"/"表示：当年实施政策的新增高校数/已实施政策的高校总数。
资料来源：高校信息公开申请回复、高校科技处/科研处网站以及百度搜索引擎。

如表 4-1 所示，各高校的政策实施时间跨度为 2000~2015 年，表 4-1 列示了每年实施政策的新增高校名单，并大学名称前面标识了"当年实施政策的新增高校数/已实施政策的高校总数"信息。我们发现，高校产权激励类政策（作价入股与转让/许可费分成政策）的实施年份大多在 2003~2009 年，说明各大高校是在 2002 年《关于国家科研计划项目研究成果知识产权管理的若干规定》颁布之后才开始陆续制定相应校级政策；专利申请补贴政策的实施时间要早于其他政策，大部分集中在 2007 年之前；实施职称晋升激励政策的高校数量是所有政策中最少的；现金奖励政策在时间分布上比较均匀。

为了观察不同类别高校的政策实施情况在年度间的变化，我们根据表 4-1 绘制了理工类高校与非理工类高校政策实施情况的描述性统计图（见图 4-1）。我们发现，理工类高校的产权激励类政策实施时间要早于非理工类高校，近 80% 的理工类院校在 2007 年之前制定了至少一类成果转化收益分配办法，而非理工类高校直到 2012 年才达到这一比例；大多数理工类院校较早地将教师的专利数量及转化量作为职称考评的内容，而非理工类院校则更多地采用现金奖励办法；两类高校在专利申请补贴政策实施情况上的差异不大。

(a) 至少实施一种收益分配政策的高校数量
(b) 实施作价入股股份分成政策的高校数量
(c) 实施转让/许可费分成政策的高校数量
(d) 实施专利申请补贴政策的高校数量
(e) 实施职称晋升激励政策的高校数量
(f) 实施现金奖励政策的高校数量

■ 理工类高校 ▨ 非理工类高校

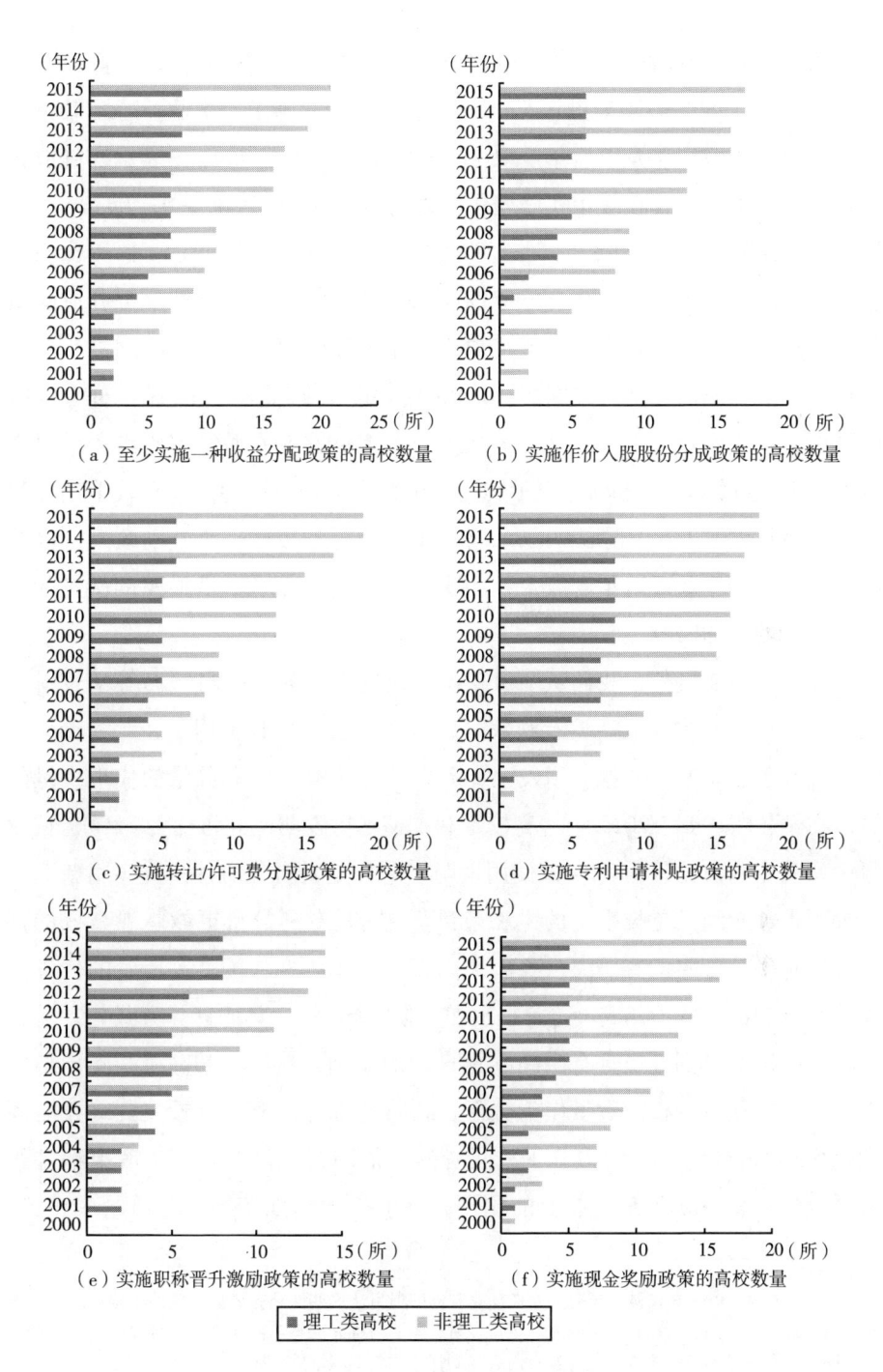

图 4-1 高校各类政策实施情况的描述统计

为了检验产权激励类政策和非产权激励类政策的实施效果，我们构造以下"高校—年度"政策变量：*Transform* 表示至少实施了一类收益分配政策的高校在政策实施当年及以后年度取 1，否则取 0；*Equity dummy* 表示实施股权收益分成政策的高校在政策实施当年及以后年度取 1，否则取 0；*Equity share* 则进一步用股权收益分成中发明人的收益占比来代替虚拟变量，这一比值会在时间维度上发生变化；*Royalty dummy* 表示实施转让/许可费收益分成政策的高校在政策实施当年及以后年度取 1，否则取 0；*Royalty share* 则进一步用转让/许可费分成中发明人的收益占比来代替虚拟变量，这一比值同样会在时间维度上发生变化。*Subsidy* 表示实施补贴政策的高校在政策实施当年及以后年度取 1，否则取 0；*Tenure* 表示实施职称晋升激励政策的高校在政策实施当年及以后年度取 1，否则取 0；*Bonus* 表示实施专利授权现金奖励政策的高校在政策实施当年及以后年度取 1，否则取 0。这些变量将作为政策的衡量指标用于后面的实证研究。

除了政策变量外，我们从国家知识产权局专利数据库与《高等学校科技统计资料汇编》中获取高校专利数量、法律状态、专利引用量、专利转化合同金额与各控制变量数据。用发明专利数量作为高校专利数量的代理变量的原因在于：①1998~2015 年，高校专利申请量中发明专利占比为 88%，授权量中发明专利占比约为 92%，使用发明专利数量具有代表性；②实用新型以及外观设计专利只是技术上的"微创新"，发明专利数量更能体现高校的创新产出水平。参照已有研究，我们采用以下两个指标作为专利质量的代理变量：①专利续期率 *Duration*（龙小宁和王俊，2015）。具体计算方式是，首先将样本限定为得到授权且有明确终止日期的专利，然后将某高校某年申请的专利中最终获得授权的数量作为分母，再将这部分专利中从授权到终止时间超过 5 年①的专利数量作为分子，两者的比值即为该高校在该年度申请并得到授权的专利中续期 5 年以上的比例，一般来说续期率与专利质量成正比。

---

① 一方面，由于高校科研经费主要来自政府资助项目，这些课题完成后，资助机构往往要求收回剩余资金，没有预留给高校一定的专利维持经费；另一方面，一些实施了专利补贴政策的高校一般仅资助专利授权后 3 年的维持费，并且我们观察到样本中约 80% 的专利在授权后 5 年停止续费，如果发明人在学校停止资助后仍然选择长期维持专利的有效，即专利的有效期在 5 年以上，我们则将其视为质量较高的专利。

②专利引用量 Citations（Trajtenberg，1990；Henderson et al.，1998）。具体计算方式是，先计算每个专利的被引总数（forward citations），然后将其在"高校—年份"层面进行加总，一般来说专利被引量与专利质量成正比。最后，我们将所有变量（除续期率之外）除以高校研发人员数，得到人均发明专利申请量、人均发明专利授权量、人均专利被引量、人均专利转化合同金额、人均国际专利申请量以及人均研发支出，分别记为 *Appl_Pate*、*Appr_Pate*、*Citations*、*Income*、*Foreign_Pate*、*RD*。各变量的描述性统计信息如表 4-2 所示。

表 4-2　　　　　　　　　变量描述性统计信息

	变量名	平均值	标准差	最小值	最大值	分位数 25%	分位数 50%	分位数 75%
被解释变量	*Appl_Pate*	0.1047	0.1183	0.0000	0.7493	0.0189	0.0637	0.1421
	Appr_Pate	0.0493	0.0593	0.0000	0.2959	0.0048	0.0268	0.0682
	Duration	0.2982	0.1664	0.0000	1.0000	0.2000	0.2874	0.3750
	Citations	0.1947	0.1951	0.0006	1.0524	0.0520	0.1224	0.2885
	Income	1.5970	3.2851	0.0000	18.6206	0.0000	0.3558	1.4074
	Foreign_Pate	0.0052	0.0112	0.0000	0.0801	0.0000	0.0016	0.0044
解释变量	*Transform*	0.4785	0.5000	0.0000	1.0000	0.0000	0.0000	1.0000
	Equity dummy	0.3548	0.4789	0.0000	1.0000	0.0000	0.0000	1.0000
	Equity share	0.1469	0.2369	0.0000	0.7000	0.0000	0.0000	0.3500
	Royalty dummy	0.4194	0.4939	0.0000	1.0000	0.0000	0.0000	1.0000
	Royalty share	0.2024	0.2863	0.0000	0.9500	0.0000	0.0000	0.4000
	Subsidy	0.5000	0.5004	0.0000	1.0000	0.0000	0.5000	1.0000
	Tenure	0.3297	0.4705	0.0000	1.0000	0.0000	0.0000	1.0000
	Bonus	0.3907	0.4883	0.0000	1.0000	0.0000	0.0000	1.0000
控制变量	*RD*	205.0451	167.0624	11.3308	922.1834	80.7286	157.5538	298.1176

从表 4-2 可知，1998~2015 年"985"高校人均专利申请量 *Appl_Pate* 为 0.1047，即每位研发人员每年约申请 0.1 项专利，获得授权的专利数 *Appr_Pate* 为 0.05 件；从 *Duration* 的均值上看，高校约 30% 的专利平均寿命在 5 年

以上；平均每件专利的被引次数为 2 次①；*Income* 的均值为 1.5970，表示人均转化合同金额为 1 597 元，最小值为 0，最大值为 18 621 元，标准差为 3 285 元，说明不同高校之间专利转化合同金额数的差异较大，从 75% 分数上看，转化合同金额数较大的专利技术集中在少部分高校；从收益分成比例上看，高校平均给予专利转化人的股权激励约为 15%，转让/许可费分成约为 20%。

（三）实证分析*

为了实证检验高校促进科研成果转化与专利化政策对创新产出的数量、质量以及转化收益的影响，本章首先进行了计量模型的设定，然后依照模型进行基准回归检验，并针对关键变量的回归结果给出经济学解释。

具体地，我们采用如下双重差分模型（difference-in-difference，DID）来对政策效果进行评估：

$$Y_{i,t} = \beta Policy_{i,t-1} + \gamma Z_{i,t-1} + \eta_i + \mu_t + \varepsilon_{i,t} \quad (4-1)$$

式（4-1）中的 i 表示高校，t 表示年份；$Y_{i,t}$ 表示高校 i 在 t 年对应的结果变量，包括人均专利申请量 $Appl\_Pate_{i,t}$、人均授权量 $Appr\_Pate_{i,t}$、续期率 $Duration_{i,t}$、人均引用量 $Citations_{i,t}$、人均专利转化合同金额 $Income_{i,t}$ 以及人均国际专利申请量 $Foreign\_Pate_{i,t}$。考虑政策效果可能存在滞后，我们将所有政策变量滞后一期 $Policy_{i,t-1}$ 以及控制变量滞后一期 $Z_{i,t-1}$ 代入回归方程进行估计，政策变量包含：(1) BD 类政策 $Transform_{i,t-1}$，这类收益分配政策又可细分为股份分成 $Equity\ dummy/share_{i,t-1}$ 以及转让/许可费分成 $Royalty\ dummy/share_{i,t-1}$ 两个政策分变量；(2) 专利申请补贴政策 $Subsidy_{i,t-1}$；(3) 职称晋升激励政策 $Tenure_{i,t-1}$；(4) 专利授权现金奖励政策 $Bonus_{i,t-1}$；控制变量为高校人均研发支出 $RD_{i,t-1}$。η_i 为高校个体固定效应，μ_t 为年份固定效应；$\varepsilon_{i,t}$ 为随机误差项。系数 β 表示各项政策对高校创新产出的影响，若 β 显著为正则说明政策能够促进高校创新产出的增加，反之则反。

---

① 使用 *Citations* 与 *Appl_Pate* 的均值推算得：0.1947/0.1047 ≈ 2。
* 本节部分数据与实证结果来自易巍和龙小宁（2021a）。

1. 产权激励政策对专利数量的影响

我们首先考察产权激励政策对高校专利申请量的影响,模型(4-1)的回归结果如表4-3所示。(1)列回归结果显示,Transform 系数在5%的水平上显著为正,说明专利转化收益共享有效带动了专利申请量的提升。(2)列使用股权分配与转让/许可费分配两个政策分变量进行回归,发现股权分配 Equity dummy 系数为正,但是在统计上不显著。进一步用具体的分配比例代替虚拟变量再次进行回归,发现(3)列中股权分配的系数在10%的水平上显著为正,说明分配给发明人的股权比例越高,高校专利的申请量就越多。而转让/许可费分配对专利申请量没有显著影响。然而,高校创新政策的制定可能会与其所在地区创新政策存在相关性,从而使估计产生偏误。因此,我们在(4)~(6)列回归中加入了省级创新激励政策的虚拟变量(Dang & Motohashi, 2015),结果显示,控制了省级政策后 Transform 和 Equity share 的系数大小与(1)~(3)列并无显著差异,说明校级产权激励政策存在独立于地区创新激励政策的稳健影响。除此之外,高校优势学科的不同也可能影响政策效果。一些学科的专利密集度较高,那么具有这类学科优势的高校的政策效果可能更大。因此,我们在(7)~(9)列回归中,将样本扩展至"高校—年份—技术领域①"层级,同时控制高校、年份以及技术领域的固定效应,总体来看,产权激励政策的效果仍然显著为正,但股权分配的激励作用在控制了技术领域固定效应之后变得不再显著,说明技术类别的差异的确会对政策效果产生影响。继而,我们考察专利激励政策对高校专利授权量的影响。表4-4的回归结果显示,专利授权量的回归结果基本上与申请量保持一致。

表4-3　　　　　　产权激励政策对人均发明专利申请量的影响

变量	Appl_Pate								
	(1)	(2)	(3)	(4)	(5)	(6)	(7)	(8)	(9)
Transform	0.0290** (0.013)			0.0287** (0.013)			0.0001* (0.000)		
Equity dummy		0.0378 (0.025)			0.0379 (0.025)			0.0001 (0.000)	

---

① 我们用三位数 IPC(International Patent Classification)分类号作为技术领域的分类标准。

续表

变量	Appl_Pate								
	(1)	(2)	(3)	(4)	(5)	(6)	(7)	(8)	(9)
Royalty dummy		−0.0152 (0.027)			−0.0155 (0.027)			−0.0001 (0.000)	
Equity share			0.0758* (0.044)			0.0764* (0.044)			0.0004 (0.000)
Royalty share			−0.0232 (0.045)			−0.0233 (0.045)			−0.0002 (0.000)
Prov_policy				0.0035 (0.011)	0.0076 (0.011)	0.0085 (0.012)			
RD	0.0006*** (0.000)	0.0006*** (0.000)	0.0006*** (0.000)	0.0006*** (0.000)	0.0006*** (0.000)	0.0006*** (0.000)	0.0000*** (0.000)	0.0000*** (0.000)	0.0000*** (0.000)
IPC FE							Y	Y	Y
Univ FE	Y	Y	Y	Y	Y	Y	Y	Y	Y
Year FE	Y	Y	Y	Y	Y	Y	Y	Y	Y
观测量	354	354	354	354	354	354	43896	43896	43896
组内 R^2	0.7622	0.7639	0.7645	0.7622	0.7641	0.7648	0.2811	0.2810	0.2811

注：①括号内为聚类至高校层面的稳健标准误；②***、**、*分别表示1%、5%、10%的显著性水平。

表4−4　产权激励政策对人均发明专利授权量的影响

变量	Appr_Pate								
	(1)	(2)	(3)	(4)	(5)	(6)	(7)	(8)	(9)
Transform	0.0145* (0.007)			0.0148* (0.007)			0.0001*** (0.000)		
Equity dummy		0.0175* (0.009)			0.0175* (0.009)			0.0000 (0.000)	
Royalty dummy		−0.0025 (0.009)			−0.0025 (0.009)			0.0000 (0.000)	
Equity share			0.0302 (0.019)			0.0301 (0.019)			0.0001 (0.000)
Royalty share			−0.0002 (0.017)			−0.0002 (0.017)			0.0001 (0.000)
Prov_policy				−0.0027 (0.006)	−0.0008 (0.006)	−0.0002 (0.006)			

续表

变量	Appr_Pate								
	(1)	(2)	(3)	(4)	(5)	(6)	(7)	(8)	(9)
RD	0.0003***	0.0003***	0.0003***	0.0003***	0.0003***	0.0003***	0.0000***	0.0000***	0.0000***
	(0.000)	(0.000)	(0.000)	(0.000)	(0.000)	(0.000)	(0.000)	(0.000)	(0.000)
IPC FE							Y	Y	Y
Univ FE	Y	Y	Y	Y	Y	Y	Y	Y	Y
Year FE	Y	Y	Y	Y	Y	Y	Y	Y	Y
观测量	354	354	354	354	354	354	43896	43896	43896
组内 R^2	0.8043	0.8061	0.8060	0.8044	0.8062	0.8060	0.3012	0.3010	0.3009

注：①括号内为聚类至高校层面的稳健标准误；②***、*分别表示1%、10%的显著性水平。

2. 产权激励政策对专利质量的影响

我们分别采用专利续期率以及专利引用量作为专利质量的代理变量。原因在于：（1）由于专利的续期费用呈阶梯式增长，意味着发明人维持一项专利的成本将越来越高，因而发明人对专利的收益－成本考量就决定了一项专利的寿命。发明人对专利的预期收益一旦低于维持成本，那么他将选择放弃续费，因此存续期限越长的专利一般被认为是质量较高的专利（Pakes，1986；Shankerman & Pakes，1985；Shankerman，1998）。（2）专利引用文献是由专利申请人或审查员在专利申请（或审查）阶段引用的现有技术信息，凸显出专利技术的继承性和关联性，一项专利被引用的次数越多则表示这项专利在技术发展进程中越重要（Trajtenberg，1990；Henderson et al.，1998）。因此，我们分别将专利的续期率 *Duration* 与引用量 *Citations* 作为被解释变量放入回归方程，回归结果如表4－5和表4－6所示。表4－5结果显示产权激励类政策中的转化/许可收益分配激励显著提升了高校专利的续期率，第（9）列控制了技术层面固定效应后股权分配的系数较为异常，可能的解释是，由于将样本细分至技术层面导致在计算续期率时损失了大量观测值，进而对回归结果产生了较大影响。表4－6的回归结果与表4－5基本保持一致。综上所述，高校产权激励政策显著促进了专利质量的提高。

表 4–5　　　　　　　　产权激励政策对专利续期率的影响

变量	\multicolumn{9}{c}{*Duration*}
	(1)	(2)	(3)	(4)	(5)	(6)	(7)	(8)	(9)
Transform	0.0449 (0.029)			0.0452 (0.031)			−0.0001 (0.032)		
Equity dummy		−0.0245 (0.029)			−0.0245 (0.029)			−0.0500 (0.035)	
Royalty dummy		0.0698*** (0.023)			0.0698*** (0.024)			0.0495* (0.026)	
Equity share			−0.0475 (0.059)			−0.0474 (0.059)			−0.1389** (0.060)
Royalty share			0.0871* (0.046)			0.0870* (0.046)			0.0858 (0.057)
Prov_policy				−0.0038 (0.045)	−0.0013 (0.045)	0.0016 (0.044)			
RD	−0.0001 (0.000)	−0.0001 (0.000)	−0.0001 (0.000)	−0.0001 (0.000)	−0.0001 (0.000)	−0.0001 (0.000)	−0.0000 (0.000)	−0.0000 (0.000)	0.0000 (0.000)
IPC FE							Y	Y	Y
Univ FE	Y	Y	Y	Y	Y	Y	Y	Y	Y
Year FE	Y	Y	Y	Y	Y	Y	Y	Y	Y
观测量	354	354	354	354	354	354	9955	9955	9955
组内 R^2	0.5712	0.5747	0.5709	0.5712	0.5747	0.5709	0.3975	0.3985	0.3990

注：①括号内为聚类至高校层面的稳健标准误；② ***、**、* 分别表示1%、5%、10%的显著性水平。

表 4–6　　　　　　　产权激励政策对人均专利引用量的影响

变量	\multicolumn{9}{c}{*Citations*}
	(1)	(2)	(3)	(4)	(5)	(6)	(7)	(8)	(9)
Transform	0.0684* (0.036)			0.0655* (0.036)			0.0006** (0.000)		
Equity dummy		0.0154 (0.052)			0.0163 (0.051)			0.0001 (0.000)	
Royalty dummy		0.0282 (0.049)			0.0266 (0.049)			0.0003 (0.000)	

— 50 —

续表

变量	Citations								
	(1)	(2)	(3)	(4)	(5)	(6)	(7)	(8)	(9)
Equity share			0.0238 (0.081)			0.0267 (0.080)			0.0001 (0.001)
Royalty share			0.0483 (0.075)			0.0476 (0.075)			0.0005 (0.000)
Prov_policy				0.0352 (0.021)	0.0419* (0.021)	0.0444* (0.022)			
RD	0.0004** (0.000)	0.0004** (0.000)	0.0004** (0.000)	0.0004** (0.000)	0.0004** (0.000)	0.0004** (0.000)	0.0000* (0.000)	0.0000* (0.000)	0.0000** (0.000)
IPC FE							Y	Y	Y
Univ FE	Y	Y	Y	Y	Y	Y	Y	Y	Y
Year FE	Y	Y	Y	Y	Y	Y	Y	Y	Y
观测量	354	354	354	354	354	354	43896	43896	43896
组内 R^2	0.5314	0.5206	0.5207	0.5344	0.5249	0.5255	0.2892	0.2889	0.2888

注：①括号内为聚类至高校层面的稳健标准误；②**、*分别表示5%、10%的显著性水平。

已有研究发现专利激励政策在提高企业专利数量的同时会使专利质量下降（龙小宁和王俊，2015）。政策效果不同的原因在于企业和高校的价值评价体系存在差异。企业面临着激烈的商业竞争环境，以利润最大化为目标，专利申请作为一种竞争策略能够使企业获得某个技术领域的垄断地位。如果说专利激励政策可能使企业出于战略需要而申请许多质量较低的专利，高校教师则没有这种动机。高校以科研为向导，教师们更多地追求学术成果和学术声誉（Merton，1988），因此，能给高校教师带来更大声誉的政策——职称晋升激励政策会产生更加显著的效果。同时，其他政策也不致产生负向影响，专利转化收益分配政策虽然给予教师经济上的激励，但教师为了获得这部分经济收益在申请专利时"以次充好"的可能性不大，一方面差的专利一般无法实施转化；另一方面这种做法也会对其学术声誉造成不良影响。综上所述，我们至少可以得到一个谨慎的结论：产权激励类政策在不影响专利质量的情况下促进了高校专利申请量的增加。

3. 产权激励政策对专利转化收益的影响

接下来，我们考察产权激励政策对专利转化的影响。中国高校现有的专利转化率仍然偏低,根据样本高校专利的法律状态信息,我们筛选出2001~2011年法律状态为"专利实施许可合同的备案"以及"专利申请权、专利权的转移"的专利共2896件,占同期高校专利授权总数的8%。其中,大部分(约93.8%)高校专利的转化对象为企业,且本省企业占比为48.2%,而转化的技术领域集中在半导体、污水处理、高分子化合物制造、合金制造、材料测试与分析等方面。高校转化给个人的专利技术仅占转化总数的0.73%,其余的转化对象为科研院所或高校[①]。

由于《高等学校科技统计资料汇编》提供了高校层级的专利转化合同金额数,因此我们在此研究产权激励政策对转化合同金额的影响。表4-7(1)列回归结果显示,专利转化收益分配总指标 $Transform$ 的系数在5%的水平下显著为正,(2)列回归结果表明两类收益分配政策中,只有股权分配 $Equity\ dummy$ 对转化合同金额产生正向影响。(3)列回归中 $Equity\ share$ 系数仍然显著,且在数值上大于 $Equity\ dummy$ 的系数,说明发明人股份分成占比越高的高校专利转化收益越高。同样,在控制了地区政策之后,结果仍然保持不变。此处由于缺乏专利级转化合同金额数据,因而无法进一步将样本在技术维度进行扩展。综上所述,产权激励类政策通过与发明人共享收益激活了高校的创新"陈果",为高校和发明人带来了巨大的经济利益。其中,股份分成激励能够在更大程度上促进高校教师参与成果转化。

表4-7　　　　　　　　产权激励政策对专利转化的影响

变量	\multicolumn{6}{c}{Income}
	(1)	(2)	(3)	(4)	(5)	(6)
$Transform$	1.1180** (0.472)			1.0722** (0.455)		
$Equity\ dummy$		1.0553* (0.534)			1.0698** (0.519)	
$Royalty\ dummy$		0.2289 (0.444)			0.2020 (0.427)	

---

① 我们对高校专利转化对象的异质性影响进行分析,结果发现,"高校转化到企业的专利数占比"和"转化到本省企业的专利数占比"对转化绩效没有显著影响,实证结果详见附录表1。

续表

变量	Income					
	(1)	(2)	(3)	(4)	(5)	(6)
Equity share			1.8882* (1.021)			1.9366* (0.984)
Royalty share			-0.2743 (0.910)			-0.2864 (0.898)
Prov_policy				0.5593 (0.419)	0.6780 (0.431)	0.7312 (0.451)
RD	0.0057*** (0.001)	0.0058*** (0.001)	0.0055*** (0.002)	0.0059*** (0.001)	0.0059*** (0.001)	0.0056*** (0.002)
Univ FE	Y	Y	Y	Y	Y	Y
Year FE	Y	Y	Y	Y	Y	Y
观测量	354	354	354	354	354	354
组内 R^2	0.1268	0.1305	0.1222	0.1295	0.1345	0.1268

注：①括号内为聚类至高校层面的稳健标准误；② ***、**、* 分别表示 1%、5%、10% 的显著性水平。

4. 产权激励政策对专利国际布局的影响

最后，我们进一步考察产权激励政策是否会推动科研人员站在国际视角进行专利布局。由于国家知识产权局专利数据库仅收录了所有向中国国家专利局递交申请的专利信息，因此，我们从 WIPO 网站①上手工搜集了样本高校向外国专利局递交专利申请的数量。数据显示，中国高校平均每年向外国申请专利的数量为 23 件，仅为高校专利申请总数的 4.8%。将人均外国专利申请数作为被解释变量引入回归，结果如表 4-8 所示，股权收益分配政策的系数显著为正，说明股权激励在一定程度上促进了高校科研人员向外国申请专利。可能的解释是，股权分配带来的长期激励使得科研人员越来越重视新技术的商业价值及战略意义，从而增强对新技术的产权保护，并将产权保护的范围放眼至全球。这进一步说明了产权激励政策成功激励了高校科研人员参与到专利申请、专利成果转化以及专利国际布局等商业化活动中来。

---

① 世界知识产权组织（World Intellectual Property Organization，WIPO），网站地址：http://patentscope2.wipo.int/search/zh/search.jsf。

表4-8　　产权激励政策对人均国际专利申请量的影响

变量	Foreign_Pate					
	(1)	(2)	(3)	(4)	(5)	(6)
Transform	0.0012 (0.001)			0.0011 (0.001)		
Equity dummy		0.0038** (0.001)			0.0038** (0.001)	
Royalty dummy		-0.0015 (0.002)			-0.0015 (0.002)	
Equity share			0.0067* (0.003)			0.0067* (0.003)
Royalty share			-0.0035 (0.003)			-0.0035 (0.003)
Prov_policy				0.0009 (0.002)	0.0011 (0.002)	0.0011 (0.002)
RD	0.0000** (0.000)	0.0000** (0.000)	0.0000** (0.000)	0.0000** (0.000)	0.0000** (0.000)	0.0000** (0.000)
Univ FE	Y	Y	Y	Y	Y	Y
Year FE	Y	Y	Y	Y	Y	Y
观测量	354	354	354	354	354	354
组内 R^2	0.4242	0.4354	0.4317	0.4248	0.4363	0.4327

注：①括号内为聚类至高校层面的稳健标准误；②**、*分别表示5%、10%的显著性水平。

（四）稳健性检验

由基准回归结果可知，高校的产权激励类政策对专利的申请量、授权量、转化合同金额以及国际专利申请产生了显著的正向影响。为了使结果更加可靠，我们进行了以下几种稳健性检验。

1. 动态分析

基准回归模型（4-1）只捕捉到了产权激励类政策实施一年后对高校创新产出的平均影响，无法回答高校创新产出具体何时开始对政策发生反应？

这种反应在长期是保持持续增长、达到稳态还是均值回归？另外，高校创新与产权激励类政策之间也可能存在反向因果关系，即高校创新产出水平可能会影响产权激励类政策的制定。为了同时解决上述两个问题，我们进一步考察政策的动态影响。具体来说，我们参照贝克等（Beck et al.，2010）的做法，在模型（4-1）中包含了$Policy_{it}$变量的4期提前项和7期滞后项。计量模型具体设定如下：

$$Y_{i,t} = \sum_{\tau=1}^{4} \delta_{-\tau} D_{i,t-\tau} + \sum_{\tau=1}^{7} \delta_{+\tau} D_{i,t+\tau} + \gamma Z_{i,t-1} + \eta_i + \mu_t + \varepsilon_{i,t} \quad (4-2)$$

其中，t为政策实施当年，$D_{i,t+\tau}$为政策虚拟变量乘以年份虚拟变量，当且仅当学校i在观察期为第$t+\tau$年实施了政策时$D_{i,t+\tau}=1$，$\tau=\{-3, -2, -1, 1, 2, 3, 4, 5, 6\}$，否则为0；我们将政策实施当年作为基期排除在外，因此估计出的动态效应均为与基期的相对变化。控制变量$Z_{i,t-1}$为人均研发支出$RD_{i,t-1}$；η_i为个体固定效应，μ_t为时间固定效应；ε_{it}为随机误差项。当时间大于或等于政策实施前4年时$D_{i,t-4}=1$，否则为0；当时间大于或等于政策实施后7年时$D_{i,t+7}=1$，否则为0。限于篇幅，我们未列出回归表格，而是将政策虚拟变量的系数δ_{-4}，δ_{-3}，δ_{-2}，…，δ_{+7}以趋势图的形式展示，如图4-2所示。

首先，从6幅图中可以看出政策实施前4年，虚拟变量$D_{i,t-4} - D_{i,t-1}$对专利申请量、授权量、续期率、引用量以及转化收益均没有显著影响，说明产权激励类政策与高校创新产出之间不存在反向因果关系。

接着，我们对每幅图依次展开分析。图4-2a显示产权激励类政策对专利申请量的影响存在滞后，政策效应从实施后第1年开始逐步上升，第4年稍有回落，但之后政策效应逐步增强。图4-2b显示政策对专利授权量的影响在2年后发生了跳跃式增长，之后政策影响减弱直到第5年开始企稳回升。图4-2c与图4-2d的结果显示，政策对衡量专利质量的两个指标的影响略有不同，对引用量指标的正向影响更为快速，对续期率指标的正向影响则滞后了2年。可能的原因在于，续期率是从个体角度（专利持有人）反映专利的私人价值，而引用率则是从整个技术领域角度反映专利技术的重要性。虽然政策效应的表现略有不同，但二者互为补充，在不同维度上刻画出产权激

(a) 政策对专利申请量的动态影响

(b) 政策对专利授权量的动态影响

(c) 政策对专利续期率的动态影响

(d) 政策对专利引用量的动态影响

(e) 政策对专利转化的动态影响

(f) 政策对国际专利申请的动态影响

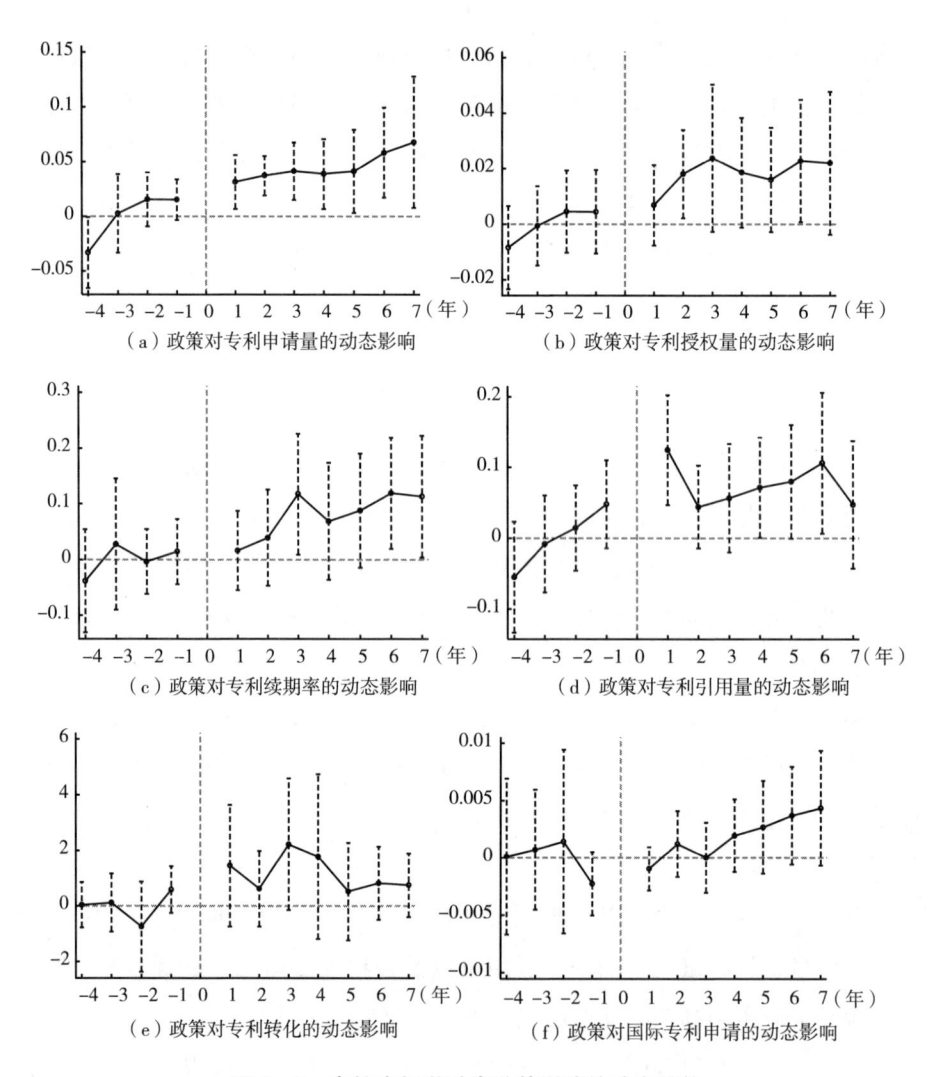

图 4-2　高校产权激励类政策影响的动态趋势

注：①标准误聚类至高校层面；②置信区间为 95%。

励类政策对专利质量的影响。值得注意的是政策在长期使专利续期率维持在一个较高水平。图 4-2e 显示政策对专利转化合同金额的影响快速而短暂，政策实施后专利转化合同金额迅速提高，尤其在第 2 年发生了跳跃，从第 3 年起政策效应逐渐减弱。图 4-2f 显示政策实施三年后，高校的国际专利申请量开始增加，并在之后几年始终保持上升趋势。综上所述，产权激励在长期可能会对国内专利申请量、授权量以及国际专利申请量产生趋势效应

(trend effect),但对续期率只有水平效应(level effect),在短期对专利引用量与转化合同金额会产生正向促进作用。

2. 倾向得分匹配(PSM)

动态分析支持高校产权激励类政策与创新产出之间不存在反向因果关系的假设,但高校的一些其他个体特征仍然可能影响其政策选择,并带来自选择问题,为了解决这一类的内生性问题,降低 DID 估计的偏误,本书进一步使用倾向得分匹配 PSM 的方法进行稳健性检验。具体地,本书在进行倾向得分匹配时是采用全样本直接匹配的方法。首先,选用高校人均研发支出 RD、高校所在省份地区生产总值的对数 $\ln(GDP)$、高校教师中教授与副教授占比 $professors$ 作为协变量对产权激励类政策($transform$)进行 Logit 回归,进而估计出倾向得分;再依据倾向得分进行匹配,如果倾向得分估计得较为准确,那么匹配后的处理组与控制组之间应无系统性差异。倾向得分匹配对应的平衡性检验结果显示匹配后大多数变量的标准化偏差小于10%,只有在邻近匹配时 $professors$ 的偏差略大(-10.6%),但也在可接受的范围内。且所有 t 检验的结果均不拒绝原假设,即可以认为匹配后的处理组与控制组之间无显著差异[1]。继而,我们分别用以下三种方法进行匹配:一对一邻近匹配、核密度匹配和半径匹配。原则上,无论使用哪种方法,最后的结果应该不会相差太大(Vandenberghe & Robin,2004)。为了消除可能存在的异方差问题,我们将标准误都进行了 500 次 bootstrap 处理,表4-9 报告了 PSM 估计结果。结果显示,高校产权激励类政策对专利申请量、授权量、专利转化合同金额以及国际专利申请量依旧保持了稳健的正向影响。

表4-9 用倾向得分匹配(PSM)方法进行稳健性检验

因变量	匹配方法	处理组	对照组	ATT	标准差	t 值
$Appl\_Pate$	邻近匹配	0.1267	0.0950	0.0317	0.0105	3.02***
	核匹配	0.1267	0.0985	0.0282	0.0092	3.08***
	半径匹配	0.1267	0.0984	0.0283	0.0091	3.09***

[1] 平衡性检验结果详见附录表2。

续表

因变量	匹配方法	处理组	对照组	ATT	标准差	t 值
Appr_Pate	邻近匹配	0.0646	0.0451	0.0194	0.0047	4.16***
	核匹配	0.0646	0.0437	0.0209	0.0040	5.21***
	半径匹配	0.0646	0.0436	0.0210	0.0041	5.08***
Duration	邻近匹配	0.3354	0.2752	0.0602	0.0405	1.49
	核匹配	0.3354	0.2884	0.0469	0.0469	1.59
	半径匹配	0.3354	0.2881	0.0473	0.0276	1.71*
Citations	邻近匹配	0.2440	0.2139	0.0301	0.0295	1.02
	核匹配	0.2440	0.2153	0.0287	0.0276	1.04
	半径匹配	0.2440	0.2158	0.0282	0.0261	1.08
Income	邻近匹配	1.9572	0.6225	1.3347	0.3197	4.17***
	核匹配	1.9572	0.6739	1.2833	0.3097	4.14***
	半径匹配	1.9572	0.6645	1.2927	0.3009	4.30***
Foreign_Pate	邻近匹配	0.0046	0.0026	0.0020	0.0009	2.35**
	核匹配	0.0046	0.0029	0.0017	0.0007	2.40**
	半径匹配	0.0046	0.0028	0.0018	0.0008	2.22**

注：①邻近匹配为有放回的一对一匹配；②核匹配使用二次核函数（epan kernel），带宽为0.06；③由于 $0.25\hat{\sigma}_{pscore}\approx 0.07$，为了保守起见，半径匹配的半径范围设定为 0.06。

（五）机制分析与政策比较

基准回归结果支持了产权激励政策对高校创新产出及其经济效应具有显著正向促进作用。为了进一步厘清政策作用的机制，我们探究以下问题：产权激励政策究竟对哪类科研人员的激励更大？是促使原有发明人更多地申请专利，还是吸引"新进入者"开始以专利形式公开其研究发现？除此之外，与产权激励政策相比，高校的其他专利激励政策是否也会对专利申请量、授权量、续期率、被引数、转化合同金额以及国际专利申请量产生影响？本章将围绕政策作用机制以及政策间的比较进行分析。

1. 机制分析

我们从专利发明人①信息中提取各高校每年申请专利的发明人姓名，去重之后加总得到各高校每年的发明人数量 $Inventor$。再将每年新增的发明人姓名提取出来，计算出各高校每年新增发明人数量 $New\ Inventor$。用新增发明人数量除以当年发明人总数得到新增发明人比例 $New\ Inventor\ (\%)$。表 4-10 (1)~(6) 列的回归结果显示，产权激励政策显著促进了发明人数量和新增发明人数量的增加。这一结果表明，专利转化收益分配所产生的物质激励在促使原有发明人更多地申请专利的同时，还吸引了越来越多的"新进入者"，他们开始以专利形式公开其研究发现，并试图实现技术的商业化。因而，更多更好的新技术将被公开，发明人也更有动力延长专利的寿命。(7)~(9) 列回归显示，政策对新、老发明人的比例并无显著影响，说明政策影响较为均衡。

表 4-10　　　　　　　　产权激励政策的影响机制分析

变量	$Inventor$			$New\ Inventor$			$New\ Inventor\ (\%)$		
	(1)	(2)	(3)	(4)	(5)	(6)	(7)	(8)	(9)
$Transform$	0.0512** (0.022)			0.0293** (0.012)			0.0021 (0.017)		
$Equity\ dummy$		0.0238 (0.040)			0.0123 (0.024)			0.0223 (0.020)	
$Royalty\ dummy$		0.0132 (0.033)			0.0073 (0.020)			-0.0224 (0.017)	
$Equity\ share$			0.0725 (0.059)			0.0384 (0.034)			0.0209 (0.033)
$Royalty\ share$			-0.0041 (0.050)			-0.0024 (0.031)			-0.0015 (0.033)
RD	0.0008*** (0.000)	0.0008*** (0.000)	0.0008*** (0.000)	0.0004*** (0.000)	0.0004*** (0.000)	0.0004*** (0.000)	-0.0000 (0.000)	-0.0000 (0.000)	-0.0000 (0.000)

---

① 专利申请人为专利权所有者，在本书中即为高校；专利发明人则为对发明创造作出创造性贡献的人，即为高校科研人员。

续表

变量	Inventor			New Inventor			New Inventor（%）		
	(1)	(2)	(3)	(4)	(5)	(6)	(7)	(8)	(9)
Univ FE	Y	Y	Y	Y	Y	Y	Y	Y	Y
Year FE	Y	Y	Y	Y	Y	Y	Y	Y	Y
观测量	354	354	354	354	354	354	354	354	354
组内 R^2	0.7574	0.7540	0.7547	0.7166	0.7122	0.7130	0.5186	0.5215	0.5194

注：①括号内为聚类至高校层面的稳健标准误；②***、**分别表示1%、5%的显著性水平。

2. 政策比较

产权激励类政策通过产权激励的方式有效促进了高校创新的效率，与之相较，具有类似目的的非产权激励政策是否能够产生同样效果？我们进一步考察专利申请补贴、职称晋升激励以及现金奖励政策对六个创新产出指标的影响。表4-11中（1）列回归结果显示，专利申请补贴政策的系数在5%的水平下显著为正，说明通过补贴的形式降低高校教师申请专利的成本能够有效促进高校专利数量的提高。（2）列回归结果显示，职称晋升激励政策对高校专利申请量有正向影响，说明将专利纳入职称考核范围能够有效激励高校教师申请专利。（3）列回归结果显示，专利授权现金激励对专利申请量没有显著影响，可能的原因在于奖金额度与专利价值不对等，一些高校给予发明专利发明人的奖金仅为2 000元/件，而一项发明专利可能是一名教师甚至一个科研团队多年的研究成果。对专利授权量的回归结果显示，补贴政策的正向影响仍然显著，但是职称晋升激励对专利授权量并没有显著影响。（7）~（12）列回归结果显示，职称晋升激励对专利质量产生了显著的正向影响，说明职称晋升对科研人员的激励作用较大，科研人员为了提升学术声誉，更有动力研发出高质量的技术。（13）~（18）列回归结果显示补贴、职称晋升激励和现金奖励对专利转化合同金额与国际专利申请均无显著影响。

综上所述，非产权激励类政策对创新的激励作用是不均衡、不全面的，补贴仅促进了专利数量的增加；职称晋升使专利质量得到了提高；现金奖励则没有产生显著的促进作用。这些政策应该无法真正推动高校专利技术的商业化。

（六）本章小节

在 2000 年之前，中国高校的创新产出呈现专利化与专利转化程度"双低"的现象。为了加快高校科研成果的应用与推广，中国政府借鉴美国在 1980 年成功实施的 BD 法案，于 2000 年起陆续颁布了一系列促进高校科研成果转化与专利化的政策。然而，有别于美国联邦政府实施 BD 法案时"一步到位"的做法以及美国大学高度自治的背景，中国政府采取的是渐进式改革方式，且中国高校作为事业单位还面临着国有资产处置的约束。制度环境的差异是否会影响产权激励政策实施的效果？

我们发现，实施产权激励类政策的高校对应的专利申请量、授权量与续期率在长期得到了提高，引用量和转化合同金额实现了短期增长。产权激励类政策中的股权分配机制发挥了主导作用，体现为发明人股权占比越高的学校对应的专利申请量、授权量及转化合同金额数也越高。对政策作用机制做进一步分析，发现产权激励类政策促使高校新增专利申请人的数量显著提高，但对新增人员比例无影响。与产权激励类政策相比，专利申请补贴政策提高了申请量和授权量，但对续期率、引用量和转化合同金额没有显著影响；职称晋升激励政策提高了续期率与引用量；专利授权现金奖励则没有显示出任何政策效应，如表 4-11 所示。为了消除可能存在的反向因果以及遗漏变量等内生性影响，我们采用了动态回归以及倾向得分匹配 PSM 的方法对基准结果进行检验，结论仍然稳健成立。我们还尝试分高校样本进行回归，结果显示，高校促进科研成果转化与专利化政策对非理工类院校的专利数量产生了更为显著的影响，对理工类院校的影响则体现在引用量与转化合同金额的提高[1]。

本章的实证结果显示，我国产权激励政策通过分割高校专利收益权的方式，对科技成果转化产生了短期的激励作用，但消除高校领导在决策时的顾虑、确保科学家最终能够获得收益以及加快构建技术转移办公室（TTOs）则是需要进一步思考的问题。随着专利转化案件数量与涉案金额的提高，权责争

---

[1] 实证结果见附录表 3~表 7。

表4-11 其他激励政策对高校创新的影响

变量	Appl_Pate (1)	Appl_Pate (2)	Appl_Pate (3)	Appr_Pate (4)	Appr_Pate (5)	Appr_Pate (6)	Duration (7)	Duration (8)	Duration (9)	Citations (10)	Citations (11)	Citations (12)	Income (13)	Income (14)	Income (15)	Foreign_Pate (16)	Foreign_Pate (17)	Foreign_Pate (18)
Subsidy	0.0360** (0.013)			0.0171** (0.007)			-0.0078 (0.034)			0.0310 (0.032)			0.5062 (0.544)			0.0003 (0.002)		
Tenure		0.0256* (0.015)			0.0103 (0.007)			0.0744*** (0.025)			0.0857** (0.032)			0.3745 (0.406)			0.0025 (0.002)	
Bonus			-0.0116 (0.019)			-0.0013 (0.009)			0.0019 (0.030)			-0.0067 (0.032)			-0.0604 (0.551)			0.0011 (0.001)
RD	0.0006*** (0.000)	0.0006*** (0.000)	0.0006*** (0.000)	0.0003*** (0.000)	0.0003*** (0.000)	0.0003*** (0.000)	-0.0001 (0.000)	-0.0002* (0.000)	-0.0001 (0.000)	0.0004*** (0.000)	0.0004*** (0.000)	0.0004** (0.000)	0.0056*** (0.002)	0.0056*** (0.002)	0.0059*** (0.001)	0.0000*** (0.000)	0.0000*** (0.000)	0.0000*** (0.000)
Univ FE	Y	Y	Y	Y	Y	Y	Y	Y	Y	Y	Y	Y	Y	Y	Y	Y	Y	Y
Year FE	Y	Y	Y	Y	Y	Y	Y	Y	Y	Y	Y	Y	Y	Y	Y	Y	Y	Y
观测量	354	354	354	354	354	354	354	354	354	354	354	354	354	354	354	354	354	354
组内R^2	0.7633	0.7613	0.7574	0.8046	0.8018	0.7988	0.5673	0.5791	0.5672	0.5175	0.5430	0.5150	0.1132	0.1127	0.1108	0.4227	0.4305	0.4240

注：①括号内为聚类至高校层面的稳健标准误；②***、**、*分别表示1%、5%、10%的显著性水平。

议以及利益纠纷日益显现。在现有的校领导负责制下，专利转化需要校领导签字同意后才能正式履行，容错机制的缺位导致校领导需要承担国有资产价值被低估的政治风险，这些顾虑使得不少转化项目被搁置。而在成果转化中企业、高校和发明人之间的利益纠纷也成为另一大障碍，一方面，企业在项目获得赢利后有动机不按照合同兑现收益分配，高校和发明人常常由于缺乏法律和商业方面的知识和经验而处于劣势的一方，无法争取到应得利益；另一方面，一些高校与发明人之间的利益分配也存在争议。据调研，目前发明人参与专利转化所获得的股权通常由高校资产经营公司代持，发明人并无自行转让或出售的权利（常旭华，2017）。美国的技术转移办公室（TTOs）在高校科技成果转化中发挥着至关重要的作用，TTOs 作为高校的"科研经纪人"专门负责成果评估、企业甄别、合同制定、商务谈判以及纠纷处理等事务，加速了美国高校的科技成果转化进程。而目前中国许多高校虽设有负责科技成果转化的专职人员，但他们中的多数仅负责横向科研成果立项的部分事务性工作，并没有真正担负起"科研经纪人"的职能，导致高校教师在科研成果转化中需要耗费大量的时间和精力。

此外，近来引发热议的"西南交大九条"提出将奖励形式从奖金、股权等收益分享，前置为知识产权所有权的奖励[①]，正是在探索实施高校职务科技成果混合所有制方面的改革。西南交大的校长徐飞指出，奖励股权相当于"小产权"，而奖励专利权则相当于给了"大产权"，目前收益分配激励已经无法产生正向边际效应，急需施行力度更大的"大产权"激励[②]。然而，高校职务科技成果混合所有制究竟有没有现行法理基础？是否能在全国范围内推广？政策实施又会带来哪些风险？这些都是未来研究中需要进一步探索的重要问题。

[①] 2016 年颁布的《西南交通大学专利管理规定》明确规定：依照法律法规及各项政策规定，为实现对职务发明人或职务发明人团队（以下统称职务发明人）的奖励，学校将奖励前置简化为国有知识产权奖励。对既有专利和专利申请，学校通过专利权人和专利申请人变更的方式实现对职务发明人的奖励；对新的专利申请，学校通过共同申请实现对职务发明人的奖励。学校与职务发明人就专利权的归属和申请专利的权利签订奖励协议，规定或约定按30%∶70%的比例共享专利权。职务发明人以团队为单位的，其内部分配比例由团队内部协商确定。

[②] 西南大学校长徐飞在2015 年10 月8 日四川省委全面创新改革试验区建设座谈会上的发言。

第五章
高校知识传播的空间特征

2020年3月30日，中共中央国务院发布的《关于构建更加完善的要素市场化配置体制机制的意见》指出，要促进技术要素的跨区域流动，提高技术要素在空间上的高效配置。高校是科技创新的源头，更是技术要素市场中的重要供给方。盘活高校科学技术存量，破除高校资源分布不均，加快推动跨地区产学合作，对于促进技术要素市场化配置改革至关重要。

2009~2018年，中国高校人均R&D经费支出从215 014.1元增长到443 778.6元，年均增长8.38%，其中财政资金资助占比从59.5%上升至67.6%，年均增长1.4%。随着高校科研经费的逐年增加，高校的科研产出也实现了快速增长，同期内人均专利数量从0.08件增长至0.4件，增加了5倍，年均增长19.58%。[1] 2018年，更有四所中国高校[2]首次进入全球教育机构PCT专利[3]申请量排名前十位。其中，中国矿业大学平均每件PCT专利申请进入国家阶段的数量约为2.9个，位列榜首。这在一定程度上体现出近年来中国高校创新水平和知识产权实力的提升，为了在更大范围内实现专利的商业价值，中国高校正在逐步推动其专利在国际市场中的布局。

但在当前中国加快构建以国内大循环为主体、国际国内双循环相互促进的新发展格局中，一个更重要的问题是：中国高校不断发展的前沿技术是否在本国市场得到了充分的推广与应用？专利引用被认为是衡量知识传播的合适指标（Jaffe et al., 1993, 2000）。本章样本中包含的2000~2015年中国高校专利3年内的平均被引次数为1.1次，其中企业引用占38.36%，主要集中

---

[1] 数据整理自《高等学校科技统计资料汇编》以及国家统计局网站。
[2] 排名前十的四所中国大学是：深圳大学（201件）、华南理工大学（170件）、清华大学（137件）和中国矿业大学（114件），分别排在第三、第四、第七和第十名。排名前十位的其他大学包括五所美国大学和一所韩国大学。
[3] 根据专利合作条约（patent cooperation treaty，PCT）提交的国际专利申请，申请人可以同时在152个缔约国寻求对其发明的保护（详见WIPO网站：https://www.wipo.int/pct/zh/）。

在电通信技术、计算和计数方法、化学材料、纱线以及肥料等技术领域；高校引用占35.77%，主要集中于无机化学、计算和计数方法、超微技术、仪器的零部件和电解设备等领域。从知识结构上看，高校流入企业的知识偏重生产与应用，流入高校的知识侧重于基础理论。与美国高校专利引用中企业占比超过半数的事实相比（Mowery and Ziedonis，2015），中国高校对企业的知识溢出仍处于较低水平，高校对实体经济的创新引领作用尚未充分发挥。因此，深入探究高校知识溢出的特性，突破高校知识在传播中遇到的障碍，对于充分发挥中国超大规模市场优势和内需潜力尤为关键。

（一）知识溢出理论

知识在传播过程中是否受地理因素的影响？克鲁格曼（Krugman，1991）认为，知识的公共品属性使其具有无国界、无地域特征，其传播过程不应受到地理边界或政治边界的阻隔。但之后大量研究发现，知识的传播会受到地理距离的影响，并证实知识扩散具有本地化特征（Jaffe et al.，1993；Branstetter，2001；Bottazzi and Peri，2003；Sonn and Storper，2008；Maurseth and Verspagen，2010）。这些研究认为知识（knowledge）与一般意义上的信息是两种不同的概念，只有当信息接收者有能力理解与吸收信息时，它才会被转化为知识，否则信息将毫无意义（Pavitt，1998）。相较于成熟技术，创新主体在吸收外界的前沿技术时需要花费更多成本来提升自身的认知技能，方能捕捉前沿技术中蕴含的商业价值（Salter and Martin，2001）。另一种关于知识受地理距离影响的解释是，知识无法完全通过文本化（codified）形式表达出来，尤其是当其运用于实际生产时，无法体现在文本信息中的隐性知识（tacit knowledge）[①] 对知识的有效使用至关重要，例如，实验过程中的失败经验对于新技术的理解有很大帮助，而获取这些隐性知识的最佳途径是面对面交流（Hippel，1994；Agrawal et al.，2008）。

[①] 隐性知识是个体特定能力的组成部分，在很大程度上体现的是某个特定区域内社会和制度环境作用的结果。因此，隐性知识的远距离传播较为困难（Gertler，2003）。与之相反，显性知识（codified knowledge）是指能够从出版物或其他文本化的资料中获得的技术信息，易于通过传统媒体进行传播，其传播的空间范围很广。

知识传播的无形性使其量化成为难题,但随着各国专利数据的电子化以及公开化,研究人员开始广泛运用专利引用数据来捕捉知识扩散的路径。贾菲等(1993)开创性地利用专利引用数据来刻画美国创新主体之间的知识溢出情况,并证实了知识溢出具有本地化特征。这一研究范式在后续研究中得到了广泛的运用(Hicks et al.,2001;Peri,2005;Sonn and Storper,2008)。还有一些研究使用地区间的人员流动(Zucker and Darby,1996;Almeida and Kogut,1997)以及商品流通(Feldman,1999)来从侧面衡量知识扩散。

作为创新资源与人才的聚集地,高校知识的扩散受到越来越多的研究关注。鲍威尔等(Powell et al.,1996)、佛罗里达和科恩(Florida and Cohen,1999)以及费尔德曼等(Feldman et al.,2002)发现研究型大学通过向企业转化科技成果、输送人才以及搭建政产学研平台等方式促进了知识传播。扎克和达比(Zucker and Darby,1996)发现生物技术领域内"明星"科学家的集聚促进了同一区域内生物科技企业的高度集聚。科伯恩和亨德森(Cockburn and Henderson,1998)利用医药行业企业聘请"明星"学者的数量以及企业与高校合作论文数量等指标来度量企业与"开放科学(open science)"之间的紧密度,发现与大学保持紧密联系的企业从外部知识中获利更多。洪和苏(Hong and Su,2013)基于1985~2004年的中国专利数据,运用高校和产业界的专利合作申请数量作为衡量指标来研究高校与产业间的联系,结果表明地理距离是阻碍高校与产业合作的一个关键因素。

(二)实证设计、变量与数据

本章参考 Peri(2005)的知识溢出模型,构造如下回归方程:

$$Citations_{ijt} = \alpha' Distance_{ij} + \theta_{it} + \mu_{jt} + \varepsilon_{ijt} \qquad (5-1)$$

其中,被解释变量 $Citations_{ijt}$ 代表高校知识在城市间的流动情况,我们选取两个指标来衡量:一是虚拟变量,当 j 城市创新主体(包括企业、高校和其他)申请的专利在 t 年引用了位于 i 城市的大学专利时取值为1,否则为0;二是高校专利被引数的连续变量,即 j 城市创新主体(包括企业、高校和其他)申请的专利在 t 年对位于 i 城市的大学专利的引用总数加1取自然对数。

$Distance_{ij}$ 代表距离向量，包含9个距离的虚拟变量，具体定义如下：按照城市对间距离的10%，20%…90%分位数将样本分为十组，距离区间依次为 (0, 228]、(228, 362]、(362, 488]、(488, 601]、(601, 718]、(718, 835]、(835, 978]、(978, 1137]、(1137, 1358]、(1358, 3466]（单位均为千米）；例如，当 i 城市与 j 城市的地理距离落在 (228, 362] 区间时 Dummy (228km < distance ≤ 362km) 取值为1，否则为0；其余8个虚拟变量的取值依此类推。同时，本章加入了 i 城市—年份的固定效应 θ_{it} 以及 j 城市—年份的固定效应 μ_{jt}[①]，用以控制每一知识源城市和每一知识接收城市层面上随时间变化的特征，如创新水平、人口以及航空客运量等因素。ε_{ijt} 为随机误差项，所有回归的标准误均在城市对层面聚类。距离系数 α' 的含义为：与基准组 (0, 228] 相比，不同距离区间内高校专利被引的可能性或高校专利被引量变动的百分比。由于知识溢出具有本地化特征，本研究预期距离系数 α' 显著为负，且系数绝对值会随着距离的增大而增大，即知识溢出在空间距离上会呈现出衰减的特征。

为考察高校知识流动的特征以及高铁直通的影响，本书综合多方面数据构造2000~2015年189个地级市共12 922个城市对（prefecture-pair）层级的面板数据。以下介绍各数据的来源、处理方式以及描述性统计。

专利引用数据。本章从中国国家知识产权局（CNIPA）的专利数据库以及专利引文数据库中获取每件专利的基本信息及其引证信息。专利的基本信息包括申请号、公开号、申请人、申请日、申请人地址以及分类号。专利的引证信息包括引证专利与被引专利的申请号、公开号以及申请日。由于缺乏引证来源信息，我们无法区分每一条引用是出自发明人还是审查员，为了减少测量误差，本章以三年窗口期来计算高校专利被引量，因为对新近技术的引用更可能来自发明人而非专利审查员（Jaffe et al., 2000）；在后续稳健性检验中尝试其他年度窗口。然后，根据引证专利与被引专利的申请号将专利的引证信息与基本信息进行匹配，得到每对引证专利的基本信息。为了研究中国高校的知识溢出特征，我们将被引专利限定为高校专利，即申请人包含

---

① 本书也尝试了仅控制"年份固定效应"以及"年份固定效应+引用城市固定效应+被引城市固定效应"。

"大学""学院""专科学校"等字符，对引用专利不做限定，他们有可能是高校、企业或是其他创新主体。在 2000~2015 年共得到 462 449 条高校专利被引记录，其中企业引用数占 38.36%，高校引用数占 35.77%。根据专利申请人地址与引证年份将专利引用数加总到城市对—年份层面，最终得到 12 922 个城市对 16 年的面板数据。各城市每年专利申请量的计算是根据申请人地址与申请年份加总到地级市层面。

已有研究认为，专利引用信息是捕捉知识流动轨迹的良好指标（Jaffe et al., 1993；Peri, 2005）。国家专利局颁布的《专利审查指南》中亦明确规定："发明人在申请专利时，必须在'说明书—技术背景'部分写明专利的背景技术，并且尽可能引证反映这些背景技术的文件，以及在'权利要求书—前序部分'部分写明与要求保护专利主题最接近的现有技术特征"。因此，本书认为中国国家知识产权局（CNIPA）提供的专利引证信息较好体现了专利间的引证关系。值得注意的是，虽然《专利审查指南》同时对发明专利和实用新型专利的申请作出了引证背景技术的要求，但由于实用新型专利不像发明专利那样需要严格的实质审查，所以我们在数据上观察到，实用新型专利几乎没有引用信息。因此，样本引用数据仅包含"发明专利引用发明专利"以及"发明专利引用实用新型专利"这两种情形。此外，相比采用论文引用量来衡量高校知识溢出程度的研究，专利引用可能是更适合的度量指标，原因在于：从引用成本来看，学术论文的引用成本几乎为零，一些论文作者也许会"礼节性"地引用熟人的论文；而专利的引用则会直接影响其法律效力，这是因为在专利被他人提请无效申诉的过程中，专利"权利声明"一栏中的背景技术引用将直接影响专利权的保护范围，随即影响专利权带来的垄断利益。综上所述，本书认为使用专利引用数据作为高校知识溢出效果的衡量是较为合适的。

其他数据。本书从高等教育出版社发布的《高等学校科技统计资料汇编》中获得 2000~2015 年各地高等学校有关科技交流、科技服务以及科技成果转让等数据；从地图获取地级市的经纬度坐标，将其与城市引证对数据进行匹配，然后通过 STATA 软件计算出城市之间的球面距离；从《中国城市统计年鉴（2000—2015）》获取城市人口以及航空客运量数据。相关变量的描述性统计如表 5-1 所示。在城市对层级，本地创新主体对外地高校专利在近

3年的引用次数约为2.2次，引用可能性约为14%，对高校专利在近5年的引用次数约为2.9次，对高校专利在近10年的引用次数约为3.5次，而从75%分位数看，大部分城市并没有获得外地高校的知识溢出。此外，在一些稳健检验中本章仅保留发明人自己递交申请的专利，则这部分专利对高校专利在近3年的引用次数约为0.4次，原因在于发明人自己提交申请的专利仅占专利总数的25%。

表5-1　　　　　　　　　　描述性统计

	变量	变量含义	观测值	均值	标准差	最小值	最大值
城市对层面	3-year Citations	专利引用数（计算窗口为3年）	201 336	2.166	21.02	0	1 616
	5-year Citations	专利引用数（计算窗口为5年）	201 336	2.863	28.264	0	2 090
	10-year Citations	专利引用数（计算窗口为10年）	201 336	3.499	35.121	0	2 840
	Citations to Fixed pool	专利引用数（被引专利限定在高铁开通之前）	201 336	0.266	2.512	0	182
	# Cited by inventors	专利引用数（发明人自己递交申请的专利引用）	201 336	0.365	3.607	0	398
	Cite_dummy	是否引用的虚拟变量	201 336	0.142	0.349	0	1
	HSR	高铁是否直通的虚拟变量	201 336	0.273	0.445	0	1
	distance	地理距离	201 336	772.5	456.4	5.626	3 466
城市层面	ln(population)	人口的自然对数	2 966	5.96	0.654	2.831	8.125
	ln(patents+1)	专利数加1取自然对数	2 966	6.015	1.848	0	11.78
	ln(airport passengers+1)	航空客运量加1取自然对数	2 966	1.683	2.46	0	10.29
省级层面		学术会议主办次数	334	3.633	1.313	0	6.250
		科技服务项目数	443	5.711	1.738	0	8.755
		科技服务投入人员数	443	5.457	1.572	0	8.121
		技术转让合同数	424	1.705	0.362	0.527	2.151
		技术转让合同金额	424	2.413	0.201	1.489	2.759

注：①3-year Citations，5-year Citations和10-year Citations分别是高校专利在3年内，5年内和10年内的被引量，Citations to Fixed pool是将被引专利限定在高铁开通之前获得授权的专利，# Cited by inventors为仅保留发明人自己递交申请的专利引用数。②部分地级市的成立时间晚于2000年，因此地级市层面变量存在缺失。③《高等学校科技统计资料汇编》中高校学术会议指标统计的时间跨度为2004~2015年，高校科技服务与技术转让指标统计的时间跨度为2000~2015年，但存在个别年份统计缺失的情况。

（三）高校知识传播的空间特征

为考察距离对高校知识流动的影响，本章根据方程（5-1）进行回归分析。表 5-2 中（1）（2）（3）列回归的被解释变量为本地是否引用了外地高校专利，其中（1）列为仅控制了年份固定效应的结果，（2）列加入了被引高校所在城市与引证专利所在城市的固定效应，（3）列则控制了被引高校所在城市与时间的交互项以及引证专利所在城市与时间的交互项。本书发现三列结果中，9 个距离虚拟变量的系数均显著为负，且数值逐渐变小。（3）列回归中的 Dummy（228km < distance ≤ 362km）系数表示距高校 228~362 千米的城市获得创新知识的概率比距高校 228 千米以内的城市小 1.82%，其余距离系数的解释以此类推，当距离超过 1 358 千米时，获取高校知识的概率将下降约 4.48%。（4）（5）（6）列回归的被解释变量为高校专利的被引量，结果显示，9 个距离虚拟变量的系数仍显著为负，且数值逐渐变小，（6）列回归中的 Dummy（228km < distance ≤ 362km）系数表示，与高校相距 228~362 千米城市的引用数比 228 千米以内城市的引用数减少了 4.5%，也即高校创新知识衰减了 4.5%。其余距离系数的解释以此类推，当距离超过 1 358 千米时，高校创新知识将衰减约 12%。控制变量的系数均显著为正，说明城市创新水平、人口以及航空客运量与高校知识流动存在正相关关系。

表 5-2　　　　　距离与高校创新知识的流动

变量	cite_dummy			ln（Citations +1）		
	（1）	（2）	（3）	（4）	（5）	（6）
Dummy（228 千米 < distance ≤ 362 千米）	-0.0180*** (0.005)	-0.0182*** (0.004)	-0.0182*** (0.004)	-0.0480*** (0.013)	-0.0447*** (0.011)	-0.0450*** (0.012)
Dummy（362 千米 < distance ≤ 488 千米）	-0.0248*** (0.005)	-0.0239*** (0.004)	-0.0243*** (0.004)	-0.0739*** (0.013)	-0.0668*** (0.012)	-0.0678*** (0.012)
Dummy（488 千米 < distance ≤ 601 千米）	-0.0382*** (0.005)	-0.0357*** (0.004)	-0.0355*** (0.004)	-0.1034*** (0.014)	-0.0962*** (0.012)	-0.0958*** (0.012)
Dummy（601 千米 < distance ≤ 718 千米）	-0.0305*** (0.005)	-0.0343*** (0.004)	-0.0345*** (0.004)	-0.0867*** (0.014)	-0.0965*** (0.013)	-0.0970*** (0.013)

续表

变量	cite_dummy			ln（Citations+1）		
	（1）	（2）	（3）	（4）	（5）	（6）
Dummy（718 千米 < distance≤835 千米）	-0.0322*** (0.005)	-0.0344*** (0.004)	-0.0345*** (0.004)	-0.0909*** (0.014)	-0.0903*** (0.012)	-0.0910*** (0.013)
Dummy（835 千米 < distance≤978 千米）	-0.0424*** (0.005)	-0.0425*** (0.004)	-0.0428*** (0.004)	-0.0997*** (0.015)	-0.1009*** (0.013)	-0.1023*** (0.014)
Dummy（978 千米 < distance≤1 137 千米）	-0.0433*** (0.005)	-0.0450*** (0.004)	-0.0456*** (0.004)	-0.0966*** (0.016)	-0.1089*** (0.015)	-0.1103*** (0.015)
Dummy（1 137 千米 < distance≤1 358 千米）	-0.0446*** (0.005)	-0.0442*** (0.004)	-0.0448*** (0.005)	-0.1139*** (0.015)	-0.1122*** (0.014)	-0.1141*** (0.015)
Dummy（distance>1 358 千米）	-0.0365*** (0.005)	-0.0440*** (0.005)	-0.0448*** (0.005)	-0.0991*** (0.017)	-0.1150*** (0.017)	-0.1177*** (0.017)
ln（patents+1）_citing	0.0525*** (0.001)	0.0571*** (0.003)		0.1111*** (0.003)	0.1078*** (0.007)	
ln（patents+1）_cited	0.0500*** (0.001)	0.0225*** (0.002)		0.0882*** (0.003)	0.0074 (0.006)	
ln（population）_citing	0.0007 (0.002)	0.0756*** (0.016)		0.0108* (0.006)	0.3326*** (0.050)	
ln（population）_cited	0.0260*** (0.002)	0.0996*** (0.016)		0.0661*** (0.006)	0.1412*** (0.039)	
ln（airport passengers+1）_citing	0.0110*** (0.001)	0.0271*** (0.001)		0.0322*** (0.002)	0.0770*** (0.003)	
ln（airport passengers+1）_cited	0.0286*** (0.001)	0.0484*** (0.001)		0.0659*** (0.002)	0.1146*** (0.003)	
Citing-Prefecture FE	N	Y	N	N	Y	N
Cited-Prefecture FE	N	Y	N	N	Y	N
Citing-Prefecture-Year FE	N	N	Y	N	N	Y
Cited-Prefecture-Year FE	N	N	Y	N	N	Y
Year FE	Y	Y	N	Y	Y	N
Observations	201 336	201 336	201 336	201 336	201 336	201 336
R-squared	0.3856	0.4298	0.5346	0.3771	0.4402	0.6194

注：①本书按照距离的 10%，20%，…，90%分位数将样本分为十组，基准组为 0 千米 < distance≤228 千米。所有距离虚拟变量的取值方法为当且仅当两城市之间的距离落在该区间时取 1，其余情况为 0。②括号内为聚类至城市对层面的稳健标准误差。③ *** 表示 1% 的显著性水平。

为使这一规律更加可视化，本书将表 5-2 中（6）列回归中的距离系数及其95%置信区间绘制在图 5-1 中，如图 5-1 所示，高校知识在 500 千米范围内呈现出快速衰减趋势，当超过 500 千米时（相当于从太原到北京的距离），距离对知识流动的负向影响则逐渐趋于稳定。

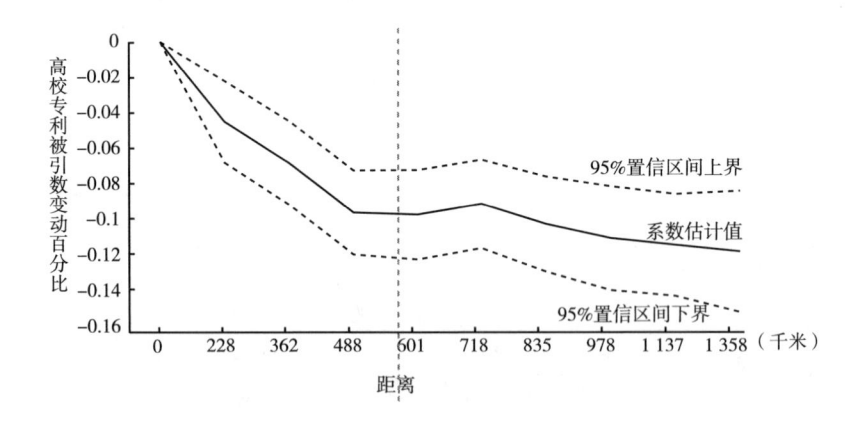

图 5-1 高校创新知识流动随距离的变化

（四）异质性分析

高校知识流动随距离的变化的特征可能存在异质性，本节分别从不同知识来源、技术类别以及知识接收者三个角度来考察知识流动的异质性。

（1）不同知识来源。在中国的高等教育制度背景下，不同层级高校的学术影响力、社会知名度以及专利技术质量有着较大的差异，知识传播特征也可能有所不同。在中国，"985"工程高校聚集了大量优质的教育资源与人才，代表着中国高等教育的最高水平。"985"工程是时任国家主席江泽民于 1998 年 5 月在北京大学建校 100 周年大会上提出的，目标在于建设具有世界先进水平的一流大学，加快实现现代化。之后，经过 2004 年的扩建，截至目前全国范围内共有 39 所"985"工程高校。为检验潜在的异质性，本节根据被引专利的申请人信息将专利分为"985"高校专利与非"985"高校专利，再将两类专利的被引量在"城市对—年份"层面加总。此外，1995 年由国家发改委、教育部、财政部批准重点建设的 112 所"211"工程大学，是除"985"工程高校以外，国家在高等教育领域进行的大规模、高层次重点建设工程。为了使结果更加稳健，我们进一步以被引专利是否来自"211"高校将样本分为"211"高校与非"211"高校进行分组回归。如表5-3所示。

表5-3　高校创新知识的流动的异质性分析（不同知识来源）

变量	ln（Citations+1）			
	（1）	（2）	（3）	（4）
	"985"高校	非"985"高校	"211"高校	非"211"高校
Dummy（228千米＜distance≤362千米）	-0.0043	-0.0453***	-0.0161	-0.0390***
	（0.010）	（0.010）	（0.011）	（0.009）
Dummy（362千米＜distance≤488千米）	-0.0185*	-0.0653***	-0.0302***	-0.0566***
	（0.010）	（0.010）	（0.011）	（0.009）
Dummy（488千米＜distance≤601千米）	-0.0358***	-0.0876***	-0.0470***	-0.0782***
	（0.010）	（0.010）	（0.011）	（0.009）
Dummy（601千米＜distance≤718千米）	-0.0374***	-0.0886***	-0.0491***	-0.0780***
	（0.010）	（0.011）	（0.012）	（0.009）
Dummy（718千米＜distance≤835千米）	-0.0231**	-0.0877***	-0.0411***	-0.0762***
	（0.010）	（0.011）	（0.012）	（0.009）
Dummy（835千米＜distance≤978千米）	-0.0250**	-0.0961***	-0.0487***	-0.0846***
	（0.012）	（0.011）	（0.013）	（0.010）
Dummy（978千米＜distance≤1137千米）	-0.0305**	-0.1029***	-0.0531***	-0.0893***
	（0.013）	（0.012）	（0.014）	（0.011）
Dummy（1 137千米＜distance≤1 358千米）	-0.0402***	-0.1047***	-0.0609***	-0.0900***
	（0.012）	（0.012）	（0.014）	（0.011）
Dummy（distance＞1 358千米）	-0.0354**	-0.1112***	-0.0573***	-0.0977***
	（0.015）	（0.014）	（0.017）	（0.012）
Citing-Prefecture-Year FE	Y	Y	Y	Y
Cited-Prefecture-Year FE	Y	Y	Y	Y
Observations	201 336	201 336	201 336	201 336
R-squared	0.4308	0.6237	0.4824	0.6197
SUR检验p值	0.000***		0.000***	

注：①本书按照距离的10%、20%、…、90%分位数将样本分为十组，基准组为0千米＜distance≤228千米。所有距离虚拟变量的取值方法为当且仅当两城市之间的距离落在该区间时取1，其余情况为0。②括号内为聚类至城市对层面的稳健标准误。③ ***、**、* 分别表示1%、5%、10%的显著性水平。

分样本回归采用的方法与表 5-2 中的（6）列相同，结果如表 5-3 所示。（1）列和（2）列回归结果显示，无论是源自"985"高校还是非"985"高校的知识流动在距离上均呈现衰减趋势，从系数大小上看，"985"高校知识流动的衰减程度显著小于其他高校。换言之，"985"高校知识扩散的地域范围更广。似不相关回归（seemingly unrelated estimation，SUR）结果的 p 值几乎为 0，说明两组回归系数之间存在显著差异。（3）列和（4）列回归结果与前两列类似，"211"高校与非"211"高校知识的流动在距离上均呈现出衰减趋势，但前者的衰减幅度更小。为使这一规律更加清晰可见，本书将前两组回归的系数绘制在图 5-2 的左边，将后两组回归系数绘制在图 5-2 的右边。

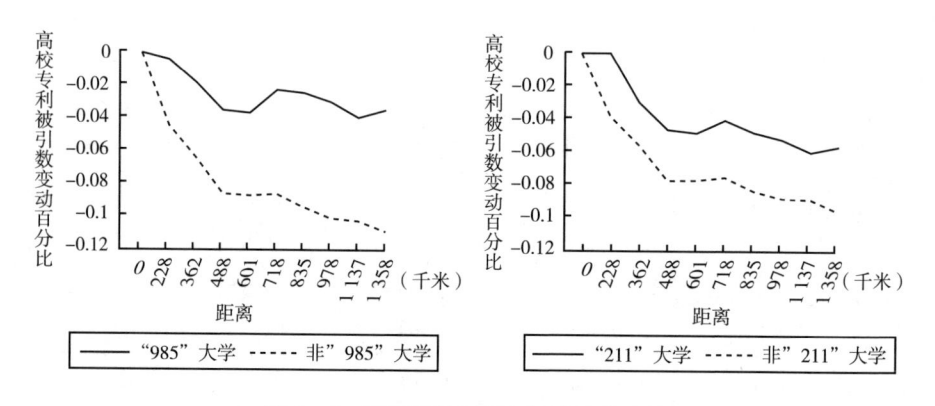

图 5-2 不同高校创新知识流动的比较

左图显示，"985"高校的知识传播随着地理距离变大的衰减幅度较小，而其他高校的知识在流动过程中则出现了较大幅度衰减。类似地，右图显示"211"高校的知识衰减幅度小于非"211"高校，但是两者之间的差异小于"985"高校与非"985"高校。可能的原因在于，除了 39 所"985"高校外，"211"高校还包括了其余 73 所其他高校，这部分高校的知名度和创新质量可能低于"985"高校，从而缩小了知识衰减的差异。采用"985"工程和"211"工程两个标准来区分高校质量来源的实证结果均显示较高层级高校的专利技术传播范围越广，而受限于学术影响力、社会知名度等方面的劣势，普通高校的专利技术传播则呈现更明显的"本地化"特征。

（2）不同技术类别。为了考察不同技术类别知识流动的异质性，本书参考佩里（Peri, 2005）的做法，根据专利的 3-digital IPC (international patent classification) 编码将高校被引专利归为六大类（计算机、医药、电子、机械、化学及其他），表 5-4 采用表 5-2 中（6）列的回归模型设定进行分样本回归。

表 5-4　　高校创新知识的流动的异质性分析（不同技术类别）

变量	ln（Citations+1）					
	(1)	(2)	(3)	(4)	(5)	(6)
	化学	机械	电子	计算机	医药	其他
Dummy（228 千米 < distance ≤ 362 千米）	-0.0290*** (0.009)	-0.0211*** (0.007)	-0.0209** (0.009)	-0.0127** (0.005)	-0.0053 (0.004)	-0.0189*** (0.005)
Dummy（362 千米 < distance ≤ 488 千米）	-0.0434*** (0.009)	-0.0364*** (0.007)	-0.0357*** (0.009)	-0.0190*** (0.005)	-0.0113*** (0.004)	-0.0272*** (0.005)
Dummy（488 千米 < distance ≤ 601 千米）	-0.0623*** (0.009)	-0.0474*** (0.007)	-0.0477*** (0.009)	-0.0267*** (0.005)	-0.0167*** (0.004)	-0.0377*** (0.005)
Dummy（601 千米 < distance ≤ 718 千米）	-0.0642*** (0.009)	-0.0512*** (0.008)	-0.0490*** (0.009)	-0.0268*** (0.006)	-0.0157*** (0.004)	-0.0411*** (0.005)
Dummy（718 千米 < distance ≤ 835 千米）	-0.0551*** (0.009)	-0.0481*** (0.007)	-0.0439*** (0.009)	-0.0234*** (0.006)	-0.0153*** (0.004)	-0.0434*** (0.005)
Dummy（835 千米 < distance ≤ 978 千米）	-0.0653*** (0.010)	-0.0438*** (0.008)	-0.0420*** (0.010)	-0.0216*** (0.007)	-0.0156*** (0.005)	-0.0488*** (0.006)
Dummy（978 千米 < distance ≤ 1137 千米）	-0.0705*** (0.011)	-0.0517*** (0.009)	-0.0476*** (0.011)	-0.0219*** (0.008)	-0.0158*** (0.006)	-0.0505*** (0.006)
Dummy（1 137 千米 < distance ≤ 1 358 千米）	-0.0756*** (0.010)	-0.0533*** (0.009)	-0.0529*** (0.011)	-0.0251*** (0.007)	-0.0184*** (0.005)	-0.0540*** (0.006)
Dummy（distance > 1 358 千米）	-0.0760*** (0.013)	-0.0639*** (0.011)	-0.0571*** (0.013)	-0.0311*** (0.008)	-0.0202*** (0.006)	-0.0599*** (0.007)
Citing-Prefecture-Year FE	Y	Y	Y	Y	Y	Y
Cited-Prefecture-Year FE	Y	Y	Y	Y	Y	Y
Observations	201 336	201 336	201 336	201 336	201 336	201 336
R-squared	0.4998	0.4931	0.4649	0.3672	0.2940	0.4626
SUR 检验 p 值	0.000***					

注：①本书按照距离的 10%、20%、…、90% 分位数将样本分为十组，基准组为 0 千米 < distance ≤ 228 千米。所有距离虚拟变量的取值方法为当且仅当两城市之间的距离落在该区间时取 1，其余情况为 0。②括号内为聚类至城市对层面的稳健标准误。③ ***、** 分别表示 1%、5% 的显著性水平。

将表5-4的回归结果绘制在图5-3中,本书发现,高校计算机及医药类专利技术的扩散曲线位于最上方,说明高校有关计算机与医药类创新知识的传播在地理维度上衰减较小。相反,高校化学和机械类创新知识的传播则呈现出较强的本地化特征。六组回归两两之间的似不相关回归p值均几乎为0,说明各组回归间距离虚拟变量的系数具有显著差异。已有研究指出,知识溢出可以通过人员流动和商品流通两个渠道来实现。一方面,人员的交流会促进知识尤其是隐性知识在不同城市间的传播(赵勇和白永秀,2009);另一方面,知识也可以通过商品贸易传播,一些内嵌于商品的新技术可能会在流通过程中被反向工程"破译"。对于化学、机械和电子行业而言,由于其商品的重量和体积较大,运输成本高,一定程度上降低了货物流通促进知识传播的可能,专利技术扩散更可能受地理距离的约束;而计算机和医药行业的商品具有重量轻、体积小的特征,便于运输。

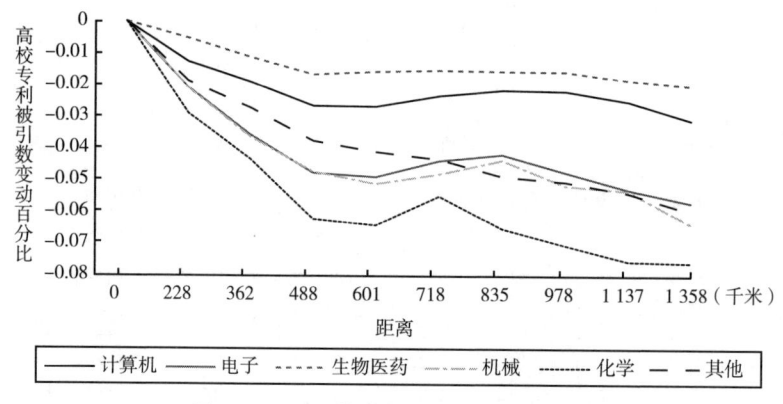

图5-3 不同技术领域知识流动的比较

(3)不同知识接收者。新技术的传播不仅会受到知识来源与技术类别的影响,还与知识的接收方的特征密切相关。本书按照高校知识的流入方,将样本划分为"高校对企业"的知识溢出以及"高校对高校"的知识溢出,分样本回归结果如表5-5所示。本书将两组回归的系数绘制在图5-4中,如图5-4所示,"高校对企业"知识溢出的衰减幅度要大于"高校对高校"知识溢出时的情况。可能的原因在于:①高校科研人员之间可以通过参加学术会议或讲座实现面对面的沟通交流,而企业与学校之间的类似交流渠道较少,因而两者间知识传播受地理距离的影响更大;②高校实行的同行评议机制使得科研人员之间的相互关注度更高,从而形成"科学与学术的共同体"。从数据上我们也可以看到,企业引用高校专利的数量占其总引用数的10%,而高校引用高校专利的占比则高达39%。综上所述,交流渠道与评价机制的不同将在一定程度上影响高校对企业的知识溢出。

表 5-5　高校创新知识的流动的异质性分析(不同知识接收者)

变量	ln(Citations+1) (1) 高校—企业	ln(Citations+1) (2) 高校—高校
Dummy(228 千米 < distance ≤ 362 千米)	-0.0461*** (0.009)	-0.0185* (0.010)
Dummy(362 千米 < distance ≤ 488 千米)	-0.0658*** (0.009)	-0.0355*** (0.010)
Dummy(488 千米 < distance ≤ 601 千米)	-0.0815*** (0.009)	-0.0530*** (0.010)
Dummy(601 千米 < distance ≤ 718 千米)	-0.0820*** (0.009)	-0.0551*** (0.011)
Dummy(718 千米 < distance ≤ 835 千米)	-0.0819*** (0.009)	-0.0446*** (0.011)
Dummy(835 千米 < distance ≤ 978 千米)	-0.0832*** (0.010)	-0.0559*** (0.012)
Dummy(978 千米 < distance ≤ 1 137 千米)	-0.0912*** (0.011)	-0.0601*** (0.013)
Dummy(1 137 千米 < distance ≤ 1 358 千米)	-0.0929*** (0.011)	-0.0666*** (0.012)
Dummy(distance > 1 358 千米)	-0.1062*** (0.013)	-0.0652*** (0.015)
Citing-Prefecture-Year FE	Y	Y
Cited-Prefecture-Year FE	Y	Y
Observations	201 336	201 336
R-squared	0.5678	0.4964
SUR 检验 p 值	0.000***	

注:①本书按照距离的10%、20%、…、90%分位数将样本分为十组,基准组为0千米<distance≤228 千米。所有距离虚拟变量的取值方法为当且仅当两城市之间的距离落在该区间时取1,其余情况为0。②括号内为聚类至城市对层面的稳健标准误。③ ***、* 分别表示1%、10%的显著性水平。

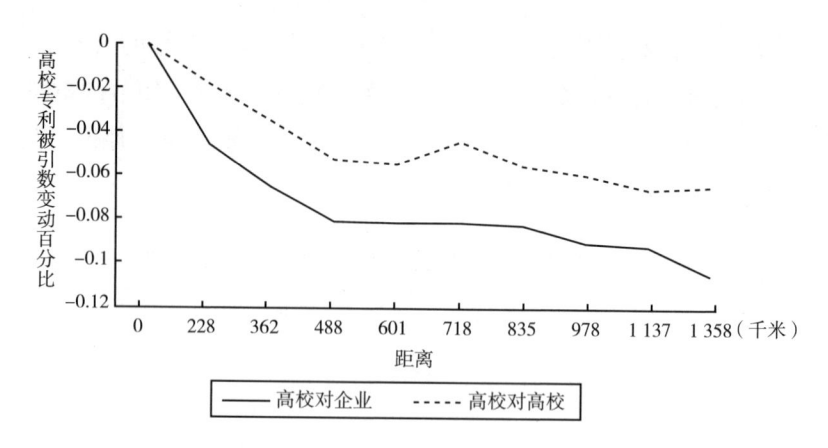

图 5-4　不同知识接收者之间的比较

（五）本章小节

在当前"双循环"背景下，解决关键技术"卡脖子"难题需要依靠国内基础性、原创性的技术创新。高校作为基础研究的主力军、原始创新的主战场，对国家创新发展水平的提升起到至关重要的作用。本章利用专利引用数据来刻画高校知识溢出的轨迹，发现高校专利被引量以及被引的可能性随着地理距离的增大而减小，一定程度上反映出高校知识溢出的空间衰减特征。用距离虚拟变量对专利引用数据进行回归，发现高校知识流动的衰减趋势在 500 千米范围内达到最大程度，当超过 500 千米时，距离对知识流动的负向影响趋于稳定。高校知识流动存在异质性特征。质量越高的专利技术传播范围越广，化学、机械和电子类等商品运输成本高的专利技术的传播受距离影响较大。与高校科研人员相比，企业研发人员更倾向于与周边城市高校进行合作交流。

第六章
交通基础设施建设对高校知识传播的影响

面对面交流是促进知识溢出的重要条件。创新主体在面对面交流中能够获得更多的隐性知识，从而在合作研发（Hong and Su, 2013; Dong et al., 2020）和技术购买（Cai et al., 2016）等活动中有更好的表现，而这些活动均被证实与专利引用显著相关（Duguet and MacGarvie, 2005）。具体说来，面对面交流可以帮助交流参与者更好地了解彼此的研究领域和技术成果，可以帮助推动相互间在研究开发等方面的合作，也是专利引用和技术购买的前提条件。2019年5月，美国商务部将华为公司列入"实体清单"后，英国芯片公司ARM要求其员工终止与华为公司的合作，该公司在对内发布的一则规定中称："禁止所有工程师与华为员工见面，因为见面就是给技术"。在对中国搜索引擎巨头百度公司的访谈中，笔者获悉："在信息技术领域，人员的流动就代表技术的流动。"由此可见，面对面交流对知识传播有重要影响，而地理距离则是制约人们面对面交流的关键因素。中国幅员辽阔，但高等教育资源主要集中在东部地区的一二线城市。那么中国高校所创造的知识的流动是如何受地理距离的影响呢？

近十年来，中国高铁的飞速发展降低了人员旅行成本，提高了面对面交流的可能性。截至2019年底，中国高铁营业里程达到3.5万公里，约占世界高铁总量的70%。[①] 高铁能够大大缩短旅途时间和减轻旅途劳顿的特点，成为越来越多商务人士出行的选择。世界银行于2014年发布的《中国高铁区域经济影响分析报告》显示，中国高铁的乘客年龄以25~55岁为主，且大多为商务出行（占比62%）。已有研究分别从贸易开放（孙浦阳等，2019；唐宜红等，2019）、资本要素流动（Qin, 2016; 龙玉等，2017；张梦婷等，2018；赵静等，2018；马光荣等，2020）、土地价格（周玉龙等，2018）、供应商分

[①] 陆娅楠. 中国高铁强劲奔跑[N]. 人民日报 2020-1-1 (5).

布（饶品贵等，2019）、产业集聚（Shao et al.，2017）以及区域经济发展差异（颜银根等，2020）等视角分析了高铁对中国经济发展的影响。而关于高铁影响知识溢出的研究尚不充分，已有研究主要采用人员流动来间接衡量知识溢出，研究结论尚未达成一致（卞元超等，2019；刘芳，2019；吉赟和杨青，2020；王春杨等，2020）。也有文献利用论文合作数据来衡量知识溢出，但受制于数据的局限性无法观察知识流动的方向（Catalini et al.，2016；Dong et al.，2020）。那么，如何更好地量化高校知识溢出，进而检验高铁开通是否有助于克服地理距离对高校前沿知识传播的影响？

（一）交通基础设施的经济影响

如果面对面交流对隐性知识的传播尤为重要，那么交通基础设施建设能否通过降低交通成本来促进知识的传播？

已有文献大多以交通基础设施促进区域创新为研究议题，将交通基础设施促进知识扩散作为机制检验的一部分。刘芳（2019）采用空间面板计量方法考察高铁对城市创新的影响，发现高铁开通能够促进城市专利申请量的增加。卞元超等（2019）发现高铁开通显著促进了地区创新发展，并采用引力模型对R&D人员等创新要素的流动进行测算和衡量，得出高铁通过加快R&D人员流动促进区域创新的结论。王春杨等（2020）同样在地区层面考察了高铁对区域创新空间结构的影响，发现高铁开通显著提高了沿线城市创新水平，利用中介效应分析发现人力资本迁移是高铁影响区域创新水平的重要机制。吉赟和杨青（2020）在企业层级考察高铁对地区创新的影响，发现高铁开通使上市企业专利申请量显著增加，并指出背后的机制是高铁开通提升了本科及以上学历员工、技术型员工在沿线企业的占比。上述涉及交通基础设施与知识溢出的研究大多采用人员流动数据来近似替代知识扩散，结论尚未完全达成一致。

已有研究交通基础设施影响知识扩散的文献主要采用论文合作数据。卡塔利尼等（Catalini et al.，2016）利用美国西南航空公司降低机票价格作为外生冲击，考察了更便宜的航空旅行能否促进科技合作，研究揭示远程线上交流无法替代面对面交流，交通成本的下降对科学知识的生产与重构有显著的促进作用，且这一效果在青年学者群体中更明显。董晓芳等（Dong et al.，

2020）利用中国高铁数据检验了交通成本下降能否促进高校科研人员的跨地区学术合作，结果显示，高铁开通之后跨地区合作的论文数量显著增加，尤其是促进了二线城市科研人员与一线城市科研人员之间的学术合作。然而，采用论文合作数据具有一定局限性：一方面，该数据仅能够识别科研人员之间的合作关系，而无法体现知识溢出的方向；另一方面，论文数据只能在学科上进行分类，无法在技术或行业层面展开分析，且研究对象大多局限在高校等科研机构内部。

目前，采用专利引用数据研究交通基础设施影响知识溢出的研究仍较为缺乏。阿格拉瓦尔等（Agrawal et al.，2017）研究了美国高速公路的建设如何影响区域内的创新水平。在机制检验中，他们参照贾菲等（1993）通过样本匹配找出与每个引证专利相似的对照组专利，再通过比较两组专利（处理组和对照组）与被引专利的地理匹配度来考察知识溢出的空间分布特征。结果发现，便利的交通促使发明人引用本地专利的可能性显著增大。然而，采用上述方法得出的研究结论很容易受到对照组样本选择的影响。为弥补已有文献的不足，本书在中国背景下，构造地级市配对层面的专利引用面板数据，聚焦中国高校前沿技术的知识溢出，首先考察高校知识溢出在距离维度呈现出的特征，再进一步探究两地直通高铁能否加快高校知识的跨区域流动。

（二）实证设计、变量与数据

为了探究高铁对高校知识溢出的影响，本节构造如下回归方程：

$$Citations_{ijt} = \delta HSR_{ijt} + \theta_{it} + \mu_{jt} + \varphi_{ij} + \varepsilon_{ijt} \tag{6-1}$$

其中，被解释变量 $Citations_{ijt}$ 与第五章中模型（5-1）相同，即表示 j 城市创新主体（包括企业、高校和其他）申请的专利在 t 年是否引用了位于 i 城市的大学专利或是其引用总量。主要解释变量 HSR_{ijt} 表示 i 城市与 j 城市在 t 年是否直通高铁，因而高铁开通当年及之后年份取值为1，否则取值为0。θ_{it} 表示被引城市—年份的固定效应，μ_{jt} 表示引用城市—年份的固定效应。此外，由于在模型（6-1）中我们重点关注高铁直通的影响效应，式（6-1）进一步加入了城市对层面的固定效应 φ_{ij} 对所有城市对层面上不随时间变化的特征进行控制，因此，距离变量不再单独出现。本书预期 HSR 的系数 δ 显著为正，即两个城市直通高铁后，高校知识被外界获取的可能性以及数量都提高了。

值得注意的是，两地高铁直通可能不完全是外生的。那些直通高铁的城市之间的关联度（包含技术、资本以及人员等要素的流动）也许原本就较高，因而有可能同时影响两地间建立高铁连接的可能性以及知识流动状况。为了解决潜在的内生性问题，我们做了以下尝试：（1）在基准回归中分别控制了"引用城市×年份""被引城市×年份""地级市配对"层面的固定效应，从而剔除了这些层面遗漏变量产生的干扰。（2）仅保留样本期间内（2000～2015年）直通高铁的城市对。2004年国务院制定的《中长期铁路规划》确立了要建设超过1.2万公里的"四纵四横"客运专线网，这些线路在规划时经过了审慎分析并得到各级政府支持，在规划确定后基本不再改动。因此，"规划内"城市本身可能与"规划外"城市之间就存在差异，我们参照已有研究的做法将样本限定在"规划内"的城市对，则回归利用的信息仅来自不同城市对之间高铁直通的时间差异，而这一时间差只跟线路长短、施工难易程度等相对外生的因素相关（Lin，2017）。（3）采用动态回归的方法对高铁连接和知识溢出的"反向因果"关系进行检验，排除高铁连接是受到两地人员交流频繁影响的可能。（4）寻找工具变量来解决城市对层面随时间变化的遗漏变量内生性问题。本节首先参考霍农（Hornung，2015）和马光荣等（2020）的做法，采用各城市到"四纵四横"规划路线的直线距离为基础信息构造第一个工具变量（$dist\_dum$）。这一做法的逻辑在于，一个城市与"四纵四横"规划路线之间的距离仅影响该城市开通高铁的可能，并不影响该城市与其他城市之间的知识溢出。其次，参照鲍姆－斯诺等（Baum-Snow et al.，2017）和王春杨等（2020）的做法，以1962年各城市铁路开通的历史数据为基础信息构造第二个工具变量（$rail\_1962$）。这是因为，历史上开通铁路的城市在政治、军事和区位上具有重要作用，而这些因素也同样是高铁线路规划时所考虑的。同时，历史铁路线路并不影响当下城市间的知识溢出。因此，$dist\_dum$ 和 $rail\_1962$ 指标在理论上符合工具变量的相关性与外生性条件。本节力图通过上述几种方法来进一步排除内生性可能，使实证结果更加稳健。

高铁数据。世界银行与中国国家铁路局将高铁定义为"时速200公里及以上的客运专线"。2004年国务院制定的《中长期铁路规划》首次确立了要建设超过1.2万公里的"四纵四横"客运专线网，规划客车速度目标值达到每小时200公里及以上。为了完成既定目标，铁道部于2006年加大了对部分线路的投资力度，中央和地方政府的出资比例达到5∶5。2007年4月，中国铁路在第六次大提速中首次开行了CRH动车组，时速达200公里，中国从此跨入"高铁时代"。2008年8月，时速350公里/小时的京津城际铁路的开通推动高铁建设迈上新台阶。2016年7月新修订的《中长期铁路网规划》再次勾画了新时期"八纵八横"高速铁路网的宏大蓝图。中国高铁的建设实现了从"四纵四横"到"八纵八横"的飞跃。本书通过爬虫方法从《全国铁路旅客列车时刻表》、高铁网以及"114"票务网获取到6218个C/D/G开头的车次信息，并从维基百科上获得线路开通及站点使用时间。截至2015年底，开通高铁的城市共189个，高铁直通的城市对共12922对。高铁变量的描述性统计参见第五章中的表5-1。

（三）高铁开通对高校知识传播的影响[*]

在过去的十多年里，中国在全国范围内逐步建立起标准的高速铁路网。从2004年《中长期铁路规划》首次确立了要建设超过1.2万公里的"四纵四横"客运专线网，到2008年"八纵八横"高速铁路网的规划，截至2019年底，中国高铁总里程已突破3.5万公里，相较于2012年增长了3.4倍。前面实证结果揭示了高校知识流动在距离上呈现出衰减的特征，本章进一步思考：高铁能否通过时空压缩来促进高校知识在城市间的流动？

1. 基准回归结果

本书将两地高铁直通作为外生冲击，考察高铁直通后本地获取外地高校知识的可能性和数量是否会增加。表6-1为方程（6-1）的回归结果，（1）~（5）列回归的被解释变量为是否引用了高校专利，解释变量为两地是否直通高铁，控制变量包括引用城市与被引高校所在城市之间的距离、各自的专利数、人口以及航空客运量。（1）列为仅控制年份固定效应，（2）列进一步加入引证城市与被引城市的固定效应，（3）列分别控制了年份固定效应与城市

---

[*] 本节部分数据与实证结果来自易巍等（2021）。

表6-1 高铁对高校知识溢出的影响

变量	Dummy (3-Year Citations >0)					ln (Citations +1)				
	(1)	(2)	(3)	(4)	(5)	(6)	(7)	(8)	(9)	(10)
HSR	0.0522*** (0.003)	0.0511*** (0.003)	0.0452*** (0.003)	0.0340*** (0.005)	0.0075* (0.004)	0.1640*** (0.008)	0.1566*** (0.007)	0.1258*** (0.006)	0.1527*** (0.013)	0.0518*** (0.006)
ln(distance)	-0.0163*** (0.002)	-0.0185*** (0.001)		-0.0192*** (0.001)		-0.0392*** (0.005)	-0.0447*** (0.005)		-0.0457*** (0.005)	
ln(patents+1)_citing	0.0512*** (0.001)	0.0577*** (0.003)	0.0582*** (0.003)			0.1073*** (0.003)	0.1096*** (0.007)	0.1105*** (0.007)		
ln(patents+1)_cited	0.0488*** (0.001)	0.0230*** (0.002)	0.0232*** (0.002)			0.0844*** (0.003)	0.0092 (0.006)	0.0092 (0.006)		
ln(population)_citing	-0.0022 (0.002)	0.0788*** (0.016)	0.0802*** (0.016)			0.0019 (0.006)	0.3425*** (0.050)	0.3466*** (0.050)		
ln(population)_cited	0.0231*** (0.002)	0.1028*** (0.016)	0.1038*** (0.016)			0.0572*** (0.006)	0.1511*** (0.039)	0.1500*** (0.039)		
ln(airport passengers+1)_citing	0.0115*** (0.001)	0.0266*** (0.001)	0.0274*** (0.001)			0.0336*** (0.002)	0.0755*** (0.003)	0.0777*** (0.003)		
ln(airport passengers+1)_cited	0.0291*** (0.001)	0.0479*** (0.001)	0.0488*** (0.001)			0.0673*** (0.002)	0.1131*** (0.003)	0.1158*** (0.003)		

续表

变量	Dummy (3-Year Citations >0)					ln (Citations +1)				
	(1)	(2)	(3)	(4)	(5)	(6)	(7)	(8)	(9)	(10)
Year FE	Y	Y	Y	\	\	Y	Y	Y	\	\
Citing-Prefecture FE	N	Y	N	\	\	N	Y	N	\	\
Cited-Prefecture FE	N	Y	N	\	\	N	Y	N	\	\
Citing-Prefecture-Year FE	N	N	N	Y	Y	N	N	N	Y	Y
Cited-Prefecture-Year FE	N	N	Y	Y	N	N	N	Y	N	Y
Prefecture Pair FE	N	N	Y	N	Y	N	N	Y	Y	Y
Observations	201 336	201 336	201 336	201 336	201 336	201 336	201 336	201 336	201 336	201 336
Adjusted R-squared	0.3875	0.4315	0.5257	0.5349	0.6317	0.3814	0.4434	0.6439	0.6207	0.8258

注：①HSR 为两地是否直通高铁，高铁直通当年以及之后年份取 1，其余情况为 0；ln (distance) 为两地距离连续变量的自然对数；同时控制了引用城市与被引高校所在城市的专利数、人口以及航空客运量。②括号内为聚类至城市对层面的稳健标准误。③***、**、* 分别表示1%、5%、10% 的显著性水平。

对固定效应,(4)列则控制了引证城市与时间的交互项以及被引城市与时间的交互项的固定效应,(5)列回归进一步加入了城市对固定效应。(1)~(5)列回归中距离的系数显著为负,再一次验证了距离的增大会削弱知识溢出效果。HSR 的系数均显著为正,说明两地高铁直通后,本地获取外地高校创新知识的可能性增加了。由于(5)列回归对内生性的控制最为严格,我们以此为基准进行分析:高铁直通使本地引用外地高校专利的可能性平均提高了约 0.75%。(6)~(10)列将被解释变量替换为高校专利被引数,其余设置保持不变。从(10)列回归结果看,两地高铁直通使得本地获取外地高校创新知识的总量平均提升约 5.18%。上述回归结果表明,高铁通过降低人们面对面交流的成本促进了高校创新知识的传播。

2. 内生性问题处理

高铁对高校知识溢出的影响可能存在内生性问题。本书虽已通过控制三组固定效应以及将样本限定为 2015 年前已开通高铁的城市对,消除了一部分由遗漏变量以及高铁城市选择造成的内生性问题,但高铁通车与高校知识的外溢仍可能存在"反向因果"以及"共时性(simultaneity)"问题。

本书首先采用动态回归的方法对"反向因果"关系进行检验。参照贝克等(2010)的做法,在模型(6-1)的基础上包含了 HSR 变量的 4 期提前项和 4 期滞后项。计量模型的具体设定如下:

$$Citations_{ijt} = \sum_{\tau=1}^{4} \delta_{-\tau} D_{i,j,t-\tau} + \sum_{\tau=1}^{4} \delta_{+\tau} D_{i,j,t+\tau} + \theta_{it} + \mu_{jt} + \varphi_{ij} + \varepsilon_{ijt} \quad (6-2)$$

其中,t 为高铁开通的年份,$D_{i,j,t+\tau}$ 为高铁开通的虚拟变量×年份虚拟变量,当且仅当城市 i 和城市 j 在观察期为第 $t+\tau$ 年直通了高铁时 $D_{i,j,t+\tau}=1$,$\tau=\{-4,-3,-2,-1,0,1,2,3\}$,否则为 0。当时间大于或等于高铁开通后 4 年时,$D_{i,j,t+4}=1$,否则为 0。回归结果详见附表 8。将 9 个虚拟变量的回归系数及其对应置信区间绘制在图 6-1 中,结果显示高铁开通前 4 年的系数不显著异于 0,说明高校知识外溢在高铁通车之前不存在显著上升趋势,只有当两地高铁直通后,本地获取外地高校知识的数量才显著增加。此外,两地直通高铁 3 年后,高校知识外溢效果才开始逐渐显现,说明交通基础设施对高校知识跨区域流动的影响存在一定的时滞。

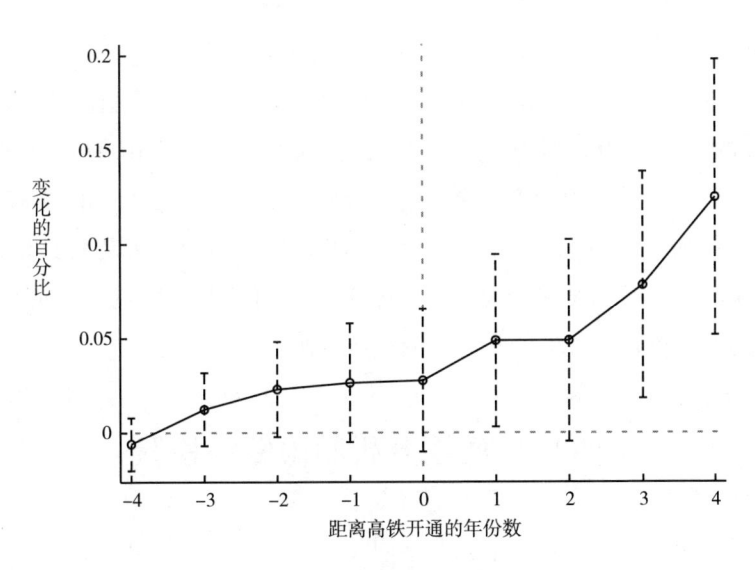

图 6-1　高铁对高校知识溢出的动态影响

其次，本节利用工具变量两阶段最小二乘回归方法（IV-2SLS）来处理"共时性（simultaneity）"问题。第一个工具变量 $dist\_dum = dist\_cited \times dist\_citing$，其中 $dist\_cited$ 表示被引城市在第 t 年到当年已开通高铁线路的直线距离，当直线距离小于等于100km 时 $dist\_cited$ 取值为1，否则为0。$dist\_citing$ 表示引用城市在第 t 年到当年已开通高铁线路的直线距离，当直线距离小于等于100km 时 $dist\_citing$ 取值为1，否则为0。值得注意的是，由于四纵四横规划线路的连通是随时间变化的，因此，$dist\_cited$ 和 $dist\_citing$，继而二者的乘积 $dist\_dum$ 在时间维度上也是变化的。第二个工具变量 $rail\_1962 = rail\_1962\_cited \times rail\_1962\_citing \times time\_trend$，其中 $rail\_1962\_cited$ 和 $rail\_1962\_citing$ 分别表示被引城市和引用城市是否在1962年开通了铁路，是为1，否则为0。我们将二者的乘积乘以时间趋势项 $time\_trend$ 构造出时变的工具变量。

工具变量回归结果如表6-2所示。其中，（1）~（3）列为一阶段回归结果，（1）（2）列分别将 $dist\_dum$ 与 $rail\_1962$ 作为工具变量对 HSR 进行回归，（3）列是同时将 $dist\_dum$ 与 $rail\_1962$ 作为工具变量的回归。（1）列回归结果显示，与"四纵四横"线路的直线距离越近的城市对之间开通高铁的可能性越大。（2）列回归结果显示，1962年已经开通铁路的城市对之间开通高铁的可能性越大。(3) 列回归中,上述两个指标的系数仍然显著为正。从 F 统计量大小上看,三个工具变量的一阶段回归均通过了弱工具变量检验。表 6-2 的 (4)~(9) 列为工具变量二阶段回归结果,其中 (4)~(6) 列的被解释变量为"是否引用高校专利的虚拟变量",(7)~(9) 列的被解释变量为引用数量加 1 取自然对数。在 (4)~(9) 列回归中,HSR 系数均显著为正,结论与基准回归结果保持一致,表明剔除可能存在的内生性问题之后,高铁开通对高校知识外溢的正向影响仍然存在。

(四) 异质性分析和稳健性检验

结合第四节从不同知识来源、不同技术类别以及不同知识接收者三个维度考察距离对高校知识溢出的异质性影响,本节进一步探究高铁开通对高校知识溢出的影响是否也在这三个维度存在异质性。除此之外,我们还考察了高铁在通勤时间以及高校资源层面的异质性影响。

(1) 不同知识来源。表 6-3 为高铁对高校知识溢出在不同知识来源层面的异质性影响,结果显示,高铁开通对其他高校知识溢出的正向促进作用要显著高于"985"高校,采用"211"高校进行分组的回归结果也类似。实证结果再一次验证了第四节距离对不同知识来源知识溢出的异质性影响,即"985"和"211"高校的知识传播受距离影响较小,而其他高校的知识溢出受距离的影响较大。因此,当高铁开通压缩了空间距离,对距离因素更加敏感的其他高校的知识溢出受到的影响更大。换言之,高铁开通更有利于普通高校创新知识的空间溢出。

(2) 不同技术类别。高铁对不同技术类别的高校知识流动也可能存在异质性影响。表 6-4 的回归结果显示,高铁对电子、化学和机械类知识流动的影响较大,而对计算机和医药类知识流动的影响较小。在上面分析中,研究发现化学、机械和电子类高校知识溢出的本地化特征较为明显,原因在于,这些行业的商品不便于运输,因而知识扩散更加依赖人员的流动。而计算机和医药行业的情况则恰好相反。因此,当高铁开通降低了人们面对面交流的成本时,化学、机械和电子类知识溢出的增加幅度会更大。

表6-2 工具变量回归结果（2SLS）

	一阶段回归结果			二阶段回归结果					
	HSR			Cite_dummy			ln(Citations+1)		
变量	(1)	(2)	(3)	(4)	(5)	(6)	(7)	(8)	(9)
HSR	0.1095***			0.0906*	0.8746***	0.1600***	1.0072***	0.8360*	0.9921***
	(0.0054)			(0.050)	(0.220)	(0.049)	(0.100)	(0.477)	(0.101)
dist_dum			0.1092***						
			(0.0054)						
rail_1962		0.0041***	0.0040***						
		(0.0005)	(0.0005)						
Citing-Prefecture-Year FE	Y	Y	Y	Y	Y	Y	Y	Y	Y
Cited-Prefecture-Year FE	Y	Y	Y	Y	Y	Y	Y	Y	Y
Prefecture-Pair FE	Y	Y	Y	Y	Y	Y	Y	Y	Y
Observations	201 336	201 336	201 336	201 336	201 336	201 336	201 336	201 336	201 336
F-statistic	407.1	67.34	236.3						
R-squared	0.8762	0.8753	0.8763						

注：①括号内为聚类至城市对层面的稳健标准误。②***、*分别表示1%、10%的显著性水平。

表6-3　　　　高铁对高校知识溢出的影响——不同知识来源

变量	ln（Citations+1）		ln（Citations+1）	
	(1)	(2)	(3)	(4)
	"985"高校	非"985"高校	"211"高校	非"211"高校
HSR	0.0258***	0.0545***	0.0380***	0.0453***
	(0.004)	(0.006)	(0.004)	(0.006)
Citing-Prefecture-Year FE	Y	Y	Y	Y
Cited-Prefecture-Year FE	Y	Y	Y	Y
Prefecture-Pair FE	Y	Y	Y	Y
Observations	201 336	201 336	201 336	201 336
R-squared	0.7991	0.7954	0.8042	0.7739
SUR检验p值	0.0000***		0.0013***	

注：①括号内为聚类至城市对层面的稳健标准误。②***表示1%的显著性水平。

表6-4　　　　高铁对高校知识溢出的影响——技术异质性

变量	ln（Citations+1）					
	(1)	(2)	(3)	(4)	(5)	(6)
	电子	化学	机械	计算机	医药	其他
HSR	0.0353***	0.0300***	0.0188***	0.0163***	0.0072***	0.0139***
	(0.005)	(0.004)	(0.004)	(0.003)	(0.002)	(0.003)
Citing-Prefecture-Year FE	Y	Y	Y	Y	Y	Y
Cited-Prefecture-Year FE	Y	Y	Y	Y	Y	Y
Prefecture-Pair FE	Y	Y	Y	Y	Y	Y
Observations	201 336	201 336	201 336	201 336	201 336	201 336
R-squared	0.7343	0.7430	0.7100	0.6349	0.5742	0.6249
SUR检验p值	0.0000***					

注：①括号内为聚类至城市对层面的稳健标准误。②***表示1%的显著性水平。

（3）不同知识接收者。表6-5为高铁对高校知识溢出在不同知识接收者层面的异质性影响。根据知识接收者类型，我们将样本分为企业引用高校专利以及高校引用高校专利两组。结果显示，高校引用高校样本回归中HSR系数大于企业引用高校样本，然而似不相关回归检验（SUR）的伴随概率为

0.1577，无法拒绝组间系数差异等于 0 的原假设，说明高铁对校企与学术界内的知识流动的显著促进作用不具有统计意义上的区别。

表 6-5　高铁对高校知识溢出的影响——不同知识接收者

变量	ln（Citations +1） (1) 高校→企业	ln（Citations +1） (2) 高校→高校
HSR	0.0383*** (0.005)	0.0407*** (0.005)
Citing-Prefecture-Year FE	Y	Y
Cited-Prefecture-Year FE	Y	Y
Prefecture-Pair FE	Y	Y
Observations	201 336	201 336
R-squared	0.7596	0.7682
SUR 检验 p 值	0.1577	

注：①括号内为聚类至城市对层面的稳健标准误。② *** 表示 1% 的显著性水平。

（4）不同通勤时间。表 6-6 中（1）（2）列为全样本回归结果，结果显示高铁对高校知识扩散的正向影响主要体现在 2 小时车程范围内，由回归系数可知，高铁开通之后，本地获取 1 小时车程内（如保定到北京）外地高校知识的可能性增加了 5.01%，知识获取量增加了 22.72%；本地获取 2 小时车程内（如济南到北京）的外地高校知识的可能性增加了 2.51%，知识获取量增加了 10.60%。高铁对于 2 小时车程以外城市获取本地高校知识溢出的可能性没有显著影响。

在（3）~（5）列回归中，本书将全样本按照被引高校所在地分为东、中、西部三个子样本进行回归，结果显示，高铁促进了东部地区高校知识在 4 小时车程范围内传播，促进了西部地区高校知识向 4 小时车程外的地区传播。对中部地区高校知识传播的影响在距离维度上较为均衡。造成这一结果的原因可能是：东部地区创新水平与经济发展水平较高，创新主体（企业、高校和个人）吸收和转化高校新知识的能力更强。相比之下，西部地区经济发展水平相对落后，当地创新主体尚不具备承接和转化本地高校新技术的能力，因而高铁通车以后，西部高校的新技术越来越多地被东部地区所吸收。

表6-6 高铁对高校知识溢出的影响——距离异质性

变量	Full sample (1) cite_dummy	Full sample (2) ln(Citations+1)	Cited prefecture from east area (3)	Cited prefecture from central area (4)	Cited prefecture from west area (5)	Citing prefecture from east area (6)	Citing prefecture from central area (7)	Citing prefecture from west area (8)
				ln(Citations+1)				
1 hour × HSR	0.0501*** (0.008)	0.2272*** (0.017)	0.3248*** (0.025)	0.0461** (0.019)	-0.0139 (0.090)	0.3176*** (0.025)	0.0713*** (0.020)	-0.0188 (0.089)
2 hour × HSR	0.0251*** (0.006)	0.1060*** (0.011)	0.1289*** (0.017)	0.0362** (0.015)	0.1403 (0.088)	0.1211*** (0.017)	0.0504*** (0.015)	0.1141 (0.088)
3 hour × HSR	0.0075 (0.006)	0.0394*** (0.011)	0.0339* (0.016)	0.0258* (0.015)	0.0846 (0.059)	0.0452*** (0.017)	0.0193 (0.013)	0.0495 (0.060)
4 hour × HSR	0.0046 (0.006)	0.0202* (0.011)	0.0331** (0.016)	0.0053 (0.016)	0.1028** (0.050)	0.0267 (0.017)	0.0132 (0.014)	0.0669 (0.052)
>4 hour × HSR	-0.0039 (0.005)	0.0244*** (0.008)	0.0136 (0.012)	0.0439*** (0.013)	0.0818** (0.037)	0.0340*** (0.012)	0.0057 (0.012)	0.0939*** (0.032)
Citing-Prefecture-Year FE	Y	Y	Y	Y	Y	Y	Y	Y
Cited-Prefecture-Year FE	Y	Y	Y	Y	Y	Y	Y	Y
Prefecture-Pair FE	Y	Y	Y	Y	Y	Y	Y	Y
Observations	201 336	201 336	101 590	81 402	18 097	101 590	81 402	18 097
Adjusted R-squared	0.6320	0.8267	0.8485	0.7873	0.8484	0.8566	0.7762	0.8384
SUR检验p值				0.0000***				

注：①本书按照200km/h的速度来划分各距离区间。②(1)(2)列为全样本回归，(3)~(5)列的回归样本按照被引高校所在城市分为东部、中部以及西部；(6)~(8)列的回归样本按照引用主体（包含所有创新主体）所在城市分为东部、中部以及西部。③东部地区包含北京、福建、广东、广西、海南、河北、江苏、辽宁、山东、上海、天津、浙江；中部地区包含安徽、河南、黑龙江、吉林、江西、内蒙古、山西、湖北、湖南、重庆。④括号内为聚类至城市对层面的稳健标准误。⑤***、**、*分别表示1%、5%、10%的显著性水平。

0.0000***

这一结果具有正反两重含义：一方面，西部高校原本"沉睡"的专利技术因高铁开通而得以利用；另一方面，高铁开通也许会进一步拉大东西部地区创新水平的差距。

在（6）~（8）列回归中，本书将全样本按照引用主体（包含所有创新主体）所在城市分为东、中、西部三个子样本进行回归，结果显示，高铁既促进了东部地区创新主体对1~3小时车程范围内高校创新知识的吸收，同时也增强了东部地区向4小时车程外高校知识的吸收。造成这种"虹吸"效应的原因在于，高铁开通后，较高的创新水平使得东部地区创新主体能够更快发现与吸收外地高校的知识。高铁促进了中部地区创新主体对较近地区（2小时车程内）高校知识的吸收，促进西部地区创新主体对远距离（4小时车程外）知识的吸收。

（5）不同高校资源。地区高等教育资源的差异可能促使资源较少地区向资源集中地区寻求知识转移。本研究按照各地级市普通高等院校数量将样本分为三类：高等教育资源丰富地区（Tier1）、适中地区（Tier2）以及匮乏地区（Tier3）。表6-7的回归结果显示，高铁显著促进了Tier1地区之间的知识流动，这反映出技术创新过程中的"马太效应"，即知识积累越多的地区之间的知识溢出效应会越来越强，进而产生创新集聚现象。对于Tier2地区来说，当高铁开通使其获取Tier1地区的知识变得更加容易时，由于其自身具备一定知识积累，因此能够快速吸收和转化来自Tier1地区的新技术。然而，对于Tier3地区而言，较低水平的知识积累降低了其技术吸收的可能性。

上述实证结果支持了高铁能够促进高校知识溢出的结论，但仍然存在以下三方面问题：①前文回归中被解释变量（高校专利被引量）的计算均以3年期为窗口，如果窗口期发生变化，上述结论是否依然成立？②当发明人委托专利代理人撰写专利申请书时，代理人有可能在发明人提交的工作底稿基础上添加新的引用，代理人引用可能会对本章的结论造成干扰；③互联网信息技术的发展也可能会对知识溢出产生影响，前文已经分别控制了"引用城市×年份""被引城市×年份""城市对"三个层面的固定效应，理论上来自城市层面互联网发展的影响已经被固定效应吸收。但另一种可能是A城市与B城市互联网信息技术的发展，可能促使两地更多地通过互联网进行信息交流，而这样的变化则体现在"城市对—年份"层面，无法被"城市×年份"固定效应所控制，从而产生遗漏变量问题。

表6-7　高铁对高校知识溢出的影响——地区异质性

变量	(1) Tier1 cite tier1	(2) Tier2 cite tier1	(3) Tier3 cite tier1	(4) Tier1 cite tier2	(5) Tier2 cite tier2	(6) Tier3 cite tier2	(7) Tier1 cite tier3	(8) Tier2 cite tier3	(9) Tier3 cite tier3
	\multicolumn{9}{c}{ln (Citations + 1)}
HSR	0.0718***	0.0535**	-0.0097	-0.0111	0.0064	-0.0020	-0.0029	0.0034	-0.0030
	(0.026)	(0.022)	(0.015)	(0.018)	(0.012)	(0.006)	(0.008)	(0.004)	(0.002)
Citing-Prefecture-Year FE	Y	Y	Y	Y	Y	Y	Y	Y	Y
Cited-Prefecture-Year FE	Y	Y	Y	Y	Y	Y	Y	Y	Y
Prefecture-Pair FE	Y	Y	Y	Y	Y	Y	Y	Y	Y
Observations	21 041	22 202	23 600	22 360	20 886	22 543	23 442	22 743	21 741
R-squared	0.9400	0.8607	0.6947	0.8365	0.6735	0.5066	0.6868	0.5232	0.3728
SUR检验p值	\multicolumn{9}{c}{0.0000***}

注：①根据2007年《中国城市统计年鉴中》《中国城市统计年鉴》统计的各地级市普通高等院校数量，本书按照33%与66%分位数将地级市分为高等教育资源丰富地区（Tier1），适中地区（Tier2）以及匮乏地区（Tier3）三类。②括号内为聚类至城市层面的稳健标准误。③***，**分别表示1%，5%的显著性水平。

— 94 —

为了确保已有结果的稳健性，本节首先将被解释变量替换为不同窗口计算出的高校专利被引量。具体地，本节将窗口限定为 5 年期和 10 年期来计算专利引用数，以 10 年窗口期为例，2015 年的引用数为 2015 年新申请的专利引用过去十年（2006~2015 年）高校专利的次数，因为知识溢出发生的时点即为引用发生的年份。考虑高铁开通可能会对各城市专利申请量产生影响，本节将被引专利限定在高铁开通之前（2000~2006 年）就已获得授权的高校专利，回归结果见表 6-8 中（1）~（4）列。其中，（1）列回归与基准回归表 6-1 中（10）列回归相同，即采用 3 年内的被引量作为被解释变量，（2）和（3）列回归的被解释变量分别为 5 年内和 10 年内的被引量。（4）列回归的被解释变量为 2000~2006 年获得授权的高校专利在 2000~2015 年获得的引用数。（1）~（4）列回归中 HSR 的系数均显著为正，其中前三列 HSR 的系数大小没有显著差异，说明引用窗口的变化不会影响高铁对知识溢出的作用。由于将被引专利限制为 2000~2006 年的高校专利，导致城市间引用数量缩减为原来的 12%。因此，与（1）列回归中 HSR 的系数相比，（4）列系数显著变小。

表 6-8　　　　　　　　　　稳健性检验

变量	（1） ln (3-Year Citations +1)	（2） ln (5-Year Citations +1)	（3） ln (10-Year Citations +1)	（4） Cited: 2000—2006 Citing: 2000—2015	（5） Cited by inventors	（6） ln (3-Year Citations +1)
HSR	0.0518***	0.0562***	0.0551***	0.0202***	0.0206***	0.0320***
	(0.006)	(0.006)	(0.006)	(0.003)	(0.004)	(0.006)
Internet						0.5341***
						(0.132)
Citing-Prefecture-Year FE	Y	Y	Y	Y	Y	Y
Cited-Prefecture-Year FE	Y	Y	Y	Y	Y	Y
Prefecture-Pair FE	Y	Y	Y	Y	Y	Y
Observations	201 336	201 336	201 336	201 336	201 336	177 172
R-squared	0.8258	0.8415	0.8543	0.7538	0.6812	0.8462

注：①括号内为聚类至城市对层面的稳健标准误。② *** 表示 1% 的显著性水平。

其次，本节仅保留那些由发明人自己提出专利申请（即没有委托专利代理机构代为申请）的引证专利对，并将其在城市对—年份层面进行加总，回归结果见（5）列。结果显示，HSR 的系数仍然保持显著为正，其系数变小也可能是由城市间引用量的缩减造成的。

最后，为了排除"城市对—年份"层面互联网信息技术发展对知识溢出的影响，我们从 CEIC 数据库中获取 2002~2015 年各城市互联网宽带接入用户数，将其除以城市人口总数得到城市宽带接入用户密度，然后将"引用城市宽带接入用户密度×被引城市宽带接入用户密度"得到城市对层面随年份变化的互联网信息技术发展指标 Internet。我们将 Internet 指标作为控制变量引入回归，结果如表 6-8 中（6）列所示。加入 Internet 控制城市间互联网信息技术的发展之后，HSR 系数仍然显著为正，表明即使在信息技术飞速发展的当下，知识交换仍离不开由便捷的交通所创造的面对面交流机会。

（五）机制检验

既有研究发现高铁开通能够通过加快人员流动来促进地区创新水平的提高（刘芳，2019）。从产学研角度看，高校的知识溢出可以通过学术会议、科技服务[①]以及技术转让等形式来实现，而这些知识扩散的形式都与跨区域人员流动密切相关。具体地，我们采用被引城市高校举办学术会议的次数作为"学术会议"的代理变量，采用被引城市高校科技服务项目数与投入人员数作为"科技服务"的代理变量，采用被引城市高校技术转让合同数和合同金额作为"技术转让"的代理变量。然后，分别将上述五个指标与 HSR 构造交互项引入回归当中。回归结果如表 6-9 中 Panel A 所示，在（1）列回归中，学术会议举办次数与高铁的交互项系数显著为正，表明一个城市如果与那些举办学术会议越频繁的高校之间开通了高铁，就能够更多地获取高校的前沿知识。（2）和（3）列回归中科技服务项目数、投入人员数与高铁交互项系数显著为正，说明高校提供的科技服务越多，高铁开通将促使这些高校

---

① 高校科技服务包括技术咨询、技术开发以及技术培训等形式，也包括高校科研人员直接参与地方经济的规划与建设、开展科技扶贫与科技普及等工作。

知识更多地向外传播。同样地，（4）和（5）列回归中技术转让合同数、转让合同金与高铁交互项系数均显著为正，表明高校知识能够通过技术转让的方式向外传播，且高铁开通显著促进了这种知识外溢。

表6-9　　　　　　　高铁影响高校知识溢出的机制拓展

变量	\multicolumn{5}{c}{ln（3-Year Citations+1）}
	（1）	（2）	（3）	（4）	（5）
\multicolumn{6}{c}{Panel A：原样本}
HSR×学术会议举办次数	0.0272*** （0.005）				
HSR×科技服务项目数		0.0292*** （0.005）			
HSR×科技服务投入人员数			0.0289*** （0.006）		
HSR×技术转让合同数				0.2075*** （0.031）	
HSR×技术转让合同金额					0.3710*** （0.057）
HSR	0.0082 （0.005）	0.0378*** （0.006）	0.0443*** （0.006）	0.0337*** （0.006）	0.0351*** （0.006）
Observations	151 181	200 977	200 977	200 014	200 014
R-squared	0.8658	0.8256	0.8256	0.8263	0.8263
\multicolumn{6}{c}{Panel B：剔除在同一年与相同的第三个城市相连的城市对样本}
HSR×学术会议举办次数	0.0408*** （0.006）				
HSR×科技服务项目数		0.0408*** （0.007）			
HSR×科技服务投入人员数			0.0405*** （0.007）		
HSR×技术转让合同数				0.2815*** （0.038）	
HSR×技术转让合同金额					0.4748*** （0.069）

续表

变量	ln (3-Year Citations +1)				
	(1)	(2)	(3)	(4)	(5)
HSR	0.0293***	0.0621***	0.0723***	0.0576***	0.0594***
	(0.007)	(0.008)	(0.008)	(0.008)	(0.008)
Observations	139 365	189 141	189 141	188 247	188 247
R-squared	0.8706	0.8290	0.8290	0.8296	0.8296

注：①所有回归中均控制了引用城市×年份、被引城市×年份以及城市对的固定效应。②括号内为聚类至城市对层面的稳健标准误。③ *** 表示1%的显著性水平。④数据整理自《高等学校科技统计资料汇编》，其中高校学术会议指标统计的时间跨度为2004~2015年，高校科技服务与技术转让指标统计的时间跨度为2000~2015年，但存在个别年份统计缺失的情况。

此外，两地高铁开通带来的知识溢出可能是由于这两个城市同时也跟第三个城市相连，那么知识溢出的发生地可能是在第三个城市，而非这两个城市，从而使我们的结果产生偏误。因此，我们剔除了在同一年与相同的第三个城市相连的城市对样本，以排除第三个城市带来的干扰。回归结果如表6-9中Panel B所示，结果显示五组交互项系数仍保持显著为正，说明剔除了第三个城市干扰后，上述机制分析的结论仍然稳健成立。

上文表6-6的回归结果着重考察高铁开通影响高校知识溢出的距离异质性，其中（5）和（8）列结果仅表明高铁开通使得西部地区高校知识向较远地区（4小时及以上车程）扩散，同时也有利于西部地区获取较远地区（4小时车程以外）高校的知识溢出。然而，仅凭上述实证结果，我们无法了解西部地区与其他地区间知识的"净流动"情况。为此，本书通过同时限定被引地区与引用地区，构造如下城市对层级的虚拟变量：西部引用东部、东部引用西部、西部引用中部、中部引用西部、西部引用西部以及其他城市对。然后将上述虚拟变量分别与HSR相乘，构造六组交互项，通过比较交互项系数的大小就可以得到西部与东、中部地区之间高校知识的净流动情况。

表6-10中（1）列回归的被解释变量为高校专利被其他创新主体（包含高校、企业以及其他）引用的数量，（2）列回归的被解释变量为高校专利被企业引用的数量，（3）列回归的被解释变量为高校专利被其他高校引用的数量。（1）列回归中 Dummy（*east_cite_west*）×*HSR* 的系数表明高铁使得东部地区创新主体引用西部地区高校专利的数量增加了8.72%，而 Dummy（*west_cite_east*）×*HSR* 的系数表明高铁仅促进西部地区创新主体引用东部地区高校

专利的数量增加了6.18%，说明西部地区对东部地区存在高校知识的"净流出"。Dummy（central_cite_west）×HSR 的系数表明高铁使得中部地区创新主体引用西部地区高校专利的数量增加了5.16%，Dummy（west_cite_central）×HSR 系数却显示高铁使得西部地区创新主体引用中部地区高校专利的数量增加了6.14%，说明西部地区对中部地区存在高校知识的"净流入"。Dummy（west_cite_west）×HSR 系数表明，高铁显著促进了西部地区创新主体获取区域内的高校知识。Dummy（others）×HSR 系数表明高铁也促进了其他城市对之间的知识溢出。（2）列回归结果显示，高铁促进了东部地区的企业获取西部地区高校的知识，但是对西部地区的企业获取东部地区高校的知识则没有影响。高铁促进了西部地区的企业获取中部地区高校的知识，但是却不影响中部地区的企业获取西部高校知识。（3）列回归结果显示，高铁对高校引用高校样本的影响与（1）列结果基本一致，即促进西部—东部之间发生高校知识"净流出"，促使西部—中部之间发生高校知识"净流入"。

表6-10　　　　　高铁对西部地区高校知识净流动的影响

变量	ln（Citations+1）		
	(1) full sample	(2) firm_cite_college	(3) college_cite_college
Dummy（east_cite_west）×HSR	0.0872** (0.037)	0.0710** (0.035)	0.1189*** (0.033)
Dummy（west_cite_east）×HSR	0.0618* (0.033)	0.0268 (0.029)	0.0888*** (0.032)
Dummy（central_cite_west）×HSR	0.0516* (0.031)	0.0323 (0.027)	0.0542* (0.028)
Dummy（west_cite_central）×HSR	0.0614** (0.031)	0.0459** (0.023)	0.0696** (0.029)
Dummy（west_cite_west）×HSR	0.1661*** (0.053)	0.1502*** (0.052)	0.1273** (0.053)
Dummy（others）×HSR	0.0498*** (0.006)	0.0374*** (0.005)	0.0348*** (0.005)

续表

变量	ln（Citations+1）		
	(1)	(2)	(3)
	full sample	firm_cite_college	college_cite_college
Citing-Prefecture-Year FE	Y	Y	Y
Cited-Prefecture-Year FE	Y	Y	Y
Prefecture-Pair FE	Y	Y	Y
Observations	201 336	201 336	201 336
R-squared	0.8258	0.7597	0.7683

注：①括号内为聚类至城市对层面的稳健标准误；② ***、**、* 分别表示1%、5%、10%的显著性水平。

（六）本章小结

交通基础设施建设改善了商务出行条件从而增加了人们面对面交流的机会。总体上，两地高铁直通使本地获取外地（2小时车程内）高校知识的可能性与数量分别提高了4%和17%。但高铁对东中西部地区的影响存在差异：从知识流出角度看，高铁主要促进了东部高校知识在区域内的传播，而促进了西部高校知识的跨区域流动，对中部高校知识流动的影响较为均衡；从知识获取角度看，高铁使得东部地区出现了"虹吸"效应，即同时增强了东部地区对区域内和区域外（中部地区或西部地区）高校知识的吸收，促进了中部地区对区域内高校知识的吸收以及西部地区对区域外高校知识的获取。高铁还促进了知识流动本地化特征明显的化学、机械和电子类高校知识的传播，也有利于高校资源匮乏地区的创新主体向高校资源集中地区的知识获取。机制拓展研究结果显示，便利的交通使人员跨地区流动变得更加容易，从而促使高校知识通过举办学术会议、提供科技服务以及进行技术转让等途径进行远距离传播。

本章的研究结论为交通基础设施促进经济增长提供了新的经验证据。便捷的交通不仅有利于劳动和资本要素的跨区域流动，还通过降低知识流动的成本来促进技术要素的跨区域流动。在创新驱动发展的大背景下，知识和技术成为生产的关键投入要素，高铁通过降低外地知识获取成本直接影响各创新主体的研发效率。因此，进一步完善交通基础设施建设，畅通技术要素流通渠道，实现各类知识和技术向创新主体集聚，形成以企业为主体、市场为导向、产学研用深度融合的技术创新体系，对于推动中国经济高质量发展和国家创新能力的提升至关重要。本书为如何利用交通基础设施打通创新知识传播渠道提供了一定的参考：

（1）完善交通基础设施建设。"十四五"规划提出要实现城市群和都市圈轨道交通网络化的建设目标，在轨道交通网络铺设的规划中，应充分考虑不同城市在创新资源方面的差异性和互补性，体现出不同城市的功能定位。进一步将高校资源丰富地区纳入高铁网络，围绕高校资源密集地区打造"2小时通勤圈"。尤其对于产业发展较快但高校资源匮乏的地区，应着力打通其与高校资源丰富的邻近地区间的高铁线路，从而有效发挥高校等科研机构在地区经济发展中的创新引领作用。

（2）提升高校专利质量，实现专利价值。中央和地方政府应加大对高校科学研究的资金支持，加强一流高校、一流学科建设，在高校科研成果评价和考核上要做到"重质量，轻数量"。在高校知识产权管理上，不能仅停留在申请专利阶段，而更应重视专利商业价值的挖掘。鼓励高校和科研人员采取各种方式进行科研成果的推广与传播。支持高校举办各种类型的高水平学术会议，引导高校和科研人员为企业提供科技服务，扫除高校科技成果转化中存在的机制体制障碍，推动高校前沿技术的转移与转化。

（3）平衡高校资源的地区间差异。充分结合传统基建和新基建技术将西部地区与中、东部高校创新资源紧密连接，通过跨区域创新项目合作、科技成果转化以及人才引进等方式，加强西部地区与中、东部高校的合作交流。同时，还要加大对西部地区高校科研经费的投入，提升西部地区高校的科研实力。培育西部地区具有创新潜力的企业，强化其自身研发实力的同时，还应引导其对本地和外地高校前沿技术成果的吸收和转化。

（4）建立开放式创新体系，加快创新速度。随着科学技术更新换代加速、研发成本攀升、全球竞争日益激烈，创新活动不再局限在组织内部，越来越多的创新主体开始寻求外部创新资源，通过研发合作或技术购买等途径实现价值突破。对新技术、新知识的捕捉和获取将直接影响企业的创新速度，从而影响企业的竞争力。建设完善的交通基础设施网络有利于促进创新资源的跨组织、跨边界流动，一定程度上能够加快知识流动的速度，有利于开放式创新体系的形成。

综上所述，未来在创新政策的制定上，不应仅局限在研发补贴和税收优惠等财政政策方面，还应重视交通基础设施对创新的促进作用。

第七章
高校科技创新对企业研发的影响

随着中国创新规模的形成,不同区域、不同主体间的创新分工优势逐渐凸显。近年来,高校应用性科研成果的商业价值不断被挖掘,产业与大学间的联系越来越紧密。据央视网报道,2017年3月,山东理工大学毕玉遂教授研发团队发明的"无氯氟聚氨酯化学发泡剂"以5.2亿元成功实施转化,推动了我国氯氟烃发泡剂及相关产业的发展。在当前"双循环"背景下,中共中央国务院于2020年3月30日发布的《关于构建更加完善的要素市场化配置体制机制的意见》提出,要加快发展国内技术要素市场,重点推进高校及科研院所的科技成果转化,同时强调了知识产权保护的重要作用。然而,中国的技术要素长期处于市场缺失状态,科研与产业部门之间相互分割,技术要素无法自由流通。因此,探究高校知识溢出能否有效促进企业创新以及哪些企业更能从高校的知识溢出中获益,能够为加快技术要素在不同主体间的流动,提升我国的自主创新能力提供经验证据与政策支持。

近年来,中国高校的科研经费支出呈现较快增长。据国家统计局数据显示,高校人均R&D经费支出从2009年的215 014.1元增长到2018年的443 778.6元,年均增长约为8.38%。同时,政府每年对高校等科研机构的资助力度也在逐年扩大,2009~2018年财政资金在高校科研经费中的占比从59.5%上升为67.6%,年均增长约为1.4%。每年大量公共研发经费的投入在促进高校学科建设和人才培养的同时,是否能够服务经济社会发展[①]?发达国家对这些问题讨论得较为充分。贾菲(1989)开创性地将高校研发支出变量引入知识生产函数模型,实证检验了高校研发对创新的重要性,研究发现美国高校的研发支出能够显著提升当地企业的专利数量以及R&D投入。豪斯曼(2012)的研究发现高校研发促进了当地的就业与工资增长,尤其是对

---

① 习近平同志在全国教育大会上强调:"要提升教育服务经济社会发展能力。"

于那些更加依赖高校研究的技术领域。卡德姆和普波（2015）利用意大利的企业级数据证实了高校研发会提升省区内制造业企业进行创新的可能性。然而，国内有关高校对产业创新发展影响的实证研究较少。魏守华等（2013）基于贾菲（1989）模型，在中国情境下评估了高校研发的重要性，研究发现中国高校的研发创新显著提升了高新技术产业（尤其是医药制造行业）的专利数量与新产品产值。

已有研究高校与企业间知识溢出的文献指出，企业和高校之间存在巨大的制度差异（Bjerregaard，2010），追求的目标也不尽相同（Gilsing et al.，2011）。高校研发由研究兴趣与科研考核驱动，通过公开发表的形式取得论文或著作的优先权；而企业则是追求利润最大化，他们通常会延迟公布其研究成果，以便于申请专利，获得技术垄断权（Bstieler et al.，2015）。因此，有别于企业之间的知识溢出，企业与高校的知识溢出将面临更多的障碍和更大的不确定性。

为了探究高校知识溢出如何影响企业创新，以及哪些企业更能从高校的知识溢出中获益，本章基于贾菲（1989）的知识生产函数模型来估计高校知识溢出对本省上市企业研发产出的影响。我们将知识的生产函数模型扩展到空间维度与技术维度，将高校研发支出作为企业的外部研发投入引入模型，同时构造一个技术相近度指标来刻画校企之间的"技术距离"，并将该指标与高校研发支出的交互项引入模型。此外，我们进一步引入"技术距离"指标的平方项与高校研发支出的交互项，用于检验知识溢出中是否存在"最优技术距离"。该模型与贾菲（1989）模型的区别在于，不仅考虑了高校知识溢出过程中的地理距离，还进一步考察了技术距离，为刻画知识溢出的又一特征提供了新的经验证据。基准回归结果显示，企业与高校的技术距离与高校知识溢出强度呈倒"U"型关系，即当企业与高校的技术结构差异较大时，高校对企业的知识溢出强度会随着技术距离的缩短而增强，而当企业的认知距离达到某个最优水平之后，高校对企业的知识溢出效应则会随着技术距离的缩短逐渐减弱。

然而，高校知识溢出对企业创新的影响可能存在内生性问题。我们手工搜集各省主要高校科研成果转化中研究人员的收益分成比例作为工具变量，已有研究发现收益分成比例越高，高校科研人员进行成果转化的合同数量和金额也越大（易巍和龙小宁，2021），即满足工具变量相关性条件。同时，校级政策并不影响本省企业的创新水平，即满足工具变量外生性的条件。采用工具变量两阶段最小二乘回归方法对基准回归结果进行检验，结论仍然成立。接着，本章进一步探究高校知识溢出对企业创新的影响机制，发现企业可以通过技术购买、许可等方式获得高校已经取得的科技成果，或是采用技术咨询、培训等途径获取高校专家学者的指导与建议，以及通过与高校科研人员进行合作研发来实现自身创新水平的提升。最后，我们考察了高校知识溢出的异质性影响，发现从企业类别上看，高校知识溢出能够显著提高本省国有企业的创新产出；从地区类别上看，知识产权保护越好的地区高校知识溢出的强度越大；从技术类别上看，高校知识溢出对电子信息技术领域的企业研发影响最大。

与已有研究相较，本章的主要贡献有以下几点：①利用专利申请人信息识别中国高校专利与上市公司专利，构造上市企业和本省高校的"技术距离"指标，深入刻画中国企业和高校在技术结构上的相似度。并将该指标引入贾菲（1989）的知识生产函数模型，实证检验高校知识溢出对异质性企业创新的影响，揭示了"技术距离"在不同组织间知识溢出的重要作用，以及"技术距离"与高校知识溢出之间的非线性关系。②在当前创新投入要素不断外化的趋势下，本章考察了高校作为外部知识的重要来源如何影响企业的研发创新，实证检验成果转化、科技服务以及合作研发等高校知识溢出的途径，并分别从所有制形式、技术类别以及地区知识产权保护强度等多个层面考察高校知识溢出对企业创新的异质性影响，弥补了已有关于中国高校如何促进企业创新方面实证研究的空白，也为推动创新要素向企业集聚，促进产学研深度融合提供政策启示与经验证据。③手工搜集各省主要高校科研成果转化政策文本信息，从中提取有关科研人员科技成果转化收益分成占比作为工具变量，尝试解决高校知识溢出影响企业创新的内生性问题，为今后的实证研究提供借鉴。

（一）理论分析与研究假设

新一轮科技革命和产业变革的加速演进导致全球竞争日益激烈。面对不断攀升的研发成本，企业在增加内部研发投入的同时开始不断寻求外部创新资源（Arora et al.，2020）。高校知识的公共物品特性使其成为企业获取外部创新要素的重要来源。实证研究表明，大学经费支出的增加显著促进了企业创新，那些研发活动越密集的大学的知识溢出效应更加明显（Kantor and Whalley，2014）。产业界大约有10%的新产品或新工艺来源于高校的学术研究（Mansfield，1991）。那么，高校知识溢出究竟如何影响企业的创新活动？哪些因素会影响高校知识溢出的效率？

在知识溢出过程中，那些前瞻性的科学技术包含更多隐性知识（tacit knowledge），很难以文本形式进行编译，从而导致知识接收者在吸收和运用这类信息时发生较大程度的信息漏损或理解偏误。高校的研发活动大多受到政府基金的资助，主要以国家科技战略布局为导向，一些研究成果可能尚处在概念提出的阶段，距离真正的产业化还很远。已有研究发现，私人研发部门与公共研究机构的位置呈现出地理上的临近特征，原因在于面对面交流有利于企业获取高校前沿技术背后蕴含的隐性知识（Adams，2002）。在此基础上，有研究从地区层面考察高校知识溢出对地区创新水平的影响，结果发现一所新大学的成立将促使当地专利数量年均增长32%，高校影响地区创新的途径包括输出人力资本、学术成果商业化、形成科研人员和校友网络以及吸引移民等（Andrews，2017），但具体到微观企业层面，上述高校知识溢出的途径则尚待检验。

企业获取高校知识溢出的途径可能会由于创新驱动力的不同而产生差异。在市场驱动型创新模式下，企业创新的动力来源于市场需求，研发重点主要聚焦于对现有技术的优化与产品的更新换代。在这种情况下，企业更有可能以技术咨询和人员培训等形式获得高校科研人员的最新学术成果，或是以项目合作的形式与高校科研团队就某一技术瓶颈展开联合攻关。而在技术驱动型创新模式下，企业的目标在于从某项新技术中发掘商业价值并实现产业化。在这种情况下，企业可能更倾向于以购买或许可的方式获取高校的科研成果。因此，本章提出如下假设：

H1：高校知识溢出会促进本地企业创新产出的增加，高校知识溢出可能通过成果转化、科技服务以及合作研发等途径对企业创新产生影响。

知识的"吸收能力"（absorptive capacity）是影响企业获取外部知识溢出

效率的因素之一,这些能力包含企业自身的知识储备、高技能人才以及一个符合学习型企业的制度安排与组织架构。企业对自身"吸收能力"的投资在其利用前沿科学技术时尤为关键(Cohen and Levinthal,1989)。高校是企业获取前沿知识的重要外部来源,企业的吸收能力将直接影响校企知识溢出的效率,也即高校知识溢出可能会对企业创新活动产生异质性影响。这种异质性源自不同企业利用高校知识的"成本"各不相同,对于紧跟高校前沿技术发展方向的企业而言,其知识储备和技术结构与高校较为相近,在信息交换时能够在更大程度上掌握和运用高校知识,从而降低信息使用的成本。而那些与高校技术距离较远的企业,由于缺乏相关技术领域的知识储备,则难以有效捕捉和挖掘高校前沿技术的商业价值。

另一个值得探讨的问题是,企业与高校之间的技术距离对校企知识溢出的影响是否是线性的?一方面,技术结构的相似性有助于创新主体更好地吸收和利用外部知识,促使其沿着原有技术路径进行创新;另一方面,不同组织间的相关多样性(related variety)特征能够促进更有效的知识溢出,技术多样化能够使创新主体获得"结构福利",推动企业走出创新"舒适区",从而实现突破性创新(Frenken et al.,2007;郑江淮和冉征,2021)。这意味着,不同组织间的知识溢出可能存在最佳"技术距离",也即技术上完全相似的两个主体间的知识溢出所产生的附加值不高,甚至可能抑制各主体进行突破性创新的可能。实证研究中,有学者发现产学合作各主体间的知识技术差异对吸收能力与知识转移的关系具有显著的倒"U"型影响,高程度的知识技术差异减弱吸收能力对知识转移的影响,而知识技术差异程度过低也将负向调节吸收能力对知识转移的影响(李梓涵昕和朱桂龙,2019)。产学研合作广度也会对企业吸收高校知识溢出的效率产生影响,采用合作高校数量来度量企业产学合作的广度,结果发现产学合作广度对企业创新质量的影响呈现倒"U"型关系(刘斐然等,2020)。因此,本章提出如下假设:

H2:高校知识溢出对技术距离越近企业创新产出的促进作用越大,技术距离对高校知识溢出的影响呈倒"U"型关系,即当校企间技术结构过于相似反而会抑制高校知识的溢出。

高校知识溢出对企业创新的影响可能存在异质性。首先,高校知识溢出对不同所有制企业专利产出的影响可能不同。原因在于,一方面,高校与国企两种组织的制度背景相近。大多数中国高校属于事业单位由中央或地方政府管辖，具有国有性质的上市企业同样受到相应上级政府的监管，两个组织在宏观的管理制度层面具有较大的一致性，二者进行沟通交流的机会要多于与系统外的其他主体，因而在实际合作中将面临更少的制度障碍，使得合作更加顺畅（Hong and Su，2013）。另一方面，大部分高校的科研成果都处于产业创新的初级阶段，有些甚至只停留在概念层面，企业要把高校新技术转化为实际产品并最终实现产业化，需要承担较大风险与不确定性。一般的民营企业即使察觉到新技术的萌生也可能由于受到资金约束而做出保守的选择，而国有企业具有雄厚的资金资本则更有可能吸收高校科研成果，并实现新技术的产业化。因此，本章提出如下假设：

H3a：所有制形式可能会影响高校对企业的知识溢出效率。

其次，高校知识溢出对不同技术类别的企业专利产出的影响可能不同。尽管高校研发能够显著促进本地企业创新产出的增加，但就其影响深度而言，高校知识溢出在技术间的差异依旧明显。原因在于，不同技术领域在借鉴高校科学知识时涉及的范围有所不同，这就决定了其对大学研发的依赖度。比如科恩等（Cohen et al.，2002）发现化学行业在研发创新时更多地借鉴了大学有关化学、化学工程方面的研究，而电子信息行业借鉴的学科范围更广，包括物理、化学、材料科学、计算机科学、电气工程、化学工程、机械工程和数学。因此，本章提出如下假设：

H3b：技术类别可能会影响高校对企业的知识溢出效率。

最后，地区知识产权保护强度的不同也可能影响高校知识的溢出。知识产权保护制度（尤其是专利制度）通过保障发明者在一段期限内的垄断收益，有效修正了创新产出的正外部性，为研发活动提供了激励（Nordhaus，1969）。一方面，在知识产权保护越强的地区，高校科研人员更倾向于以专利形式公开其研发成果，因为科研人员既可以从中获得学术声誉与影响力，也可能从科研成果转化中获得经济利益，从而加快学术知识的传播；另一方面，良好的知识产权保护不仅能够让企业更早了解到本地高校的新知识，而且知识产权保护带来的巨大垄断收益也成为企业寻求与吸收外部知识、加大自身研发力度的动力。因此，本章提出如下假设：

H3c：地区知识产权保护水平可能会影响高校对企业的知识溢出效率。

（二）数据、指标与模型构建

本节首先介绍计量模型与指标构建，然后呈现数据来源与描述性统计。在模型和指标部分，我们主要介绍技术距离指标的构造方法、基准回归方程的推导及变量含义；在数据部分，我们依次对专利数据、上市公司数据以及校级政策数据的来源及处理过程进行详细介绍。

1. 计量模型与指标构建

知识溢出是指通过信息交换获得知识的过程，在这一过程中知识接收者没有向知识生产者支付直接的报酬，或是支付的报酬远低于知识的价值（Caniels，2000）。由于知识溢出具有无形性（invisible）特征，因而在实证当中很难对知识溢出的效果进行量化。格里利切斯（1979）的知识生产模型或许能够帮助解决这一问题，该模型在创新活动的投入和产出之间建立起关系，其有效性已得到许多文献的证实。本章在格里利切斯（1979）和贾菲（1989）模型的基础上，构建了一个包含高校研发投入的知识生产模型，具体思路是：将高校研发视为企业创新活动中的外部要素投入引入企业的知识生产函数模型，考察高校研发是否能够促进企业创新产出的增加，若是则说明高校对企业的溢出效应确实存在。那么，我们就可以通过计算企业创新产出增加的幅度来估计高校知识溢出的大小。模型的具体设计如下：

$$Patent_{i(p),t} = FIRM\_RD_{i(p),t}^{\beta_1} \times UNIV\_RD_{p,t}^{\beta_2} \times (UNIV\_RD_{p,t} \times Similarity_{it})^{\beta_3} \times e_{it} \qquad (7-1)$$

式（7-1）中，等式左边为企业创新产出，一般用专利数量来衡量，等式右边第一项为企业研发投入，第二项为企业所在省份高校的研发投入，第三项为企业与本省高校的"技术距离"乘以高校研发投入。在实证设计中，我们将企业与本省高校进行匹配从而控制住"地理距离"，重点关注"技术距离"对校企知识溢出的影响。β_1为企业创新对其自身研发投入的产出弹性；β_2为当企业与本省高校的"技术距离"为零时，企业创新对本省高校研发投入的产出弹性；$\beta_2 + \beta_3$为当企业与本省高校的"技术距离"不为零时，企业创新对本省高校研发投入的产出弹性。

技术距离指标的构造方式如下：我们参考贾菲（Jaffe，1986）和叶静怡等（2019）的方法来构造高校与企业之间的"技术距离"指标。具体地，按照《国际专利分类表》（IPC）对专利进行技术分类，IPC 分类号按照由宽到窄的顺序将专利技术依次划分为部（1-Digital）、大类（3-Digital）、小类（4-Digital）、大组（8-Digital）和小组（9-Digital）。其中"部"的技术划分范围最宽，它将所有技术分为八类，包括："A 人类生活必需""B 作业，运输""C 化学，冶金""D 纺织，造纸""E 固定建筑物""F 机械工程，照明，加热，武器，爆破""G 物理""H 电学"。其次是大类，例如，"B60 一般车辆"和"B64 飞行器，航空，宇宙航行"是同属于"B 部"但分属于不同大类下的两类技术。继续分至小类，例如，"B64B 轻于空气的飞行器"与"B64C 飞机，直升机"同属于 B64 大类下，由此可见，部、大类技术之间仍然存在较大差异，而小类技术已经基本上归属于同一个行业。因此，我们参照佩里（2005），首先将同一省份的高校与企业的已授权专利按照"大类（3-Digital）"IPC 分类号归类到 s（$s=121$）个子类下，然后依照式（7-2）计算企业与高校之间的技术相近度，也即校企"技术距离"指标：

$$Similarity_{f,u} = \frac{\sum_{s=1}^{121} Patent_{fs} \times Patent_{us}}{\sqrt{\sum_{s=1}^{121} Patent_{fs}^2 \times \sum_{s=1}^{121} Patent_{us}^2}} \quad (7-2)$$

其中，f 表示企业，u 表示高校。$Similarity_{f,u}$ 是衡量企业与本省高校间的如下特征：当 $Similarity_{f,u}$ 为 1 时，表示企业与本省高校的技术类别特征向量完全相同；当 $Similarity_{f,u}$ 为 0 时，表示企业与本省高校的技术类别特征向量完全不同，$Similarity_{f,u}$ 的取值范围是 [0,1]，值越大则表示企业与高校之间的技术越相近。我们采用 2008~2015 年每年同一省份上市公司与高校的专利进行逐年计算最终得到 $Similarity_{i,t}$ 用于之后的实证回归。

为了验证高校对企业知识溢出过程中"最佳技术距离"的存在，我们在模型（7-1）的基础上加入"技术距离"的平方与高校研发投入的交互项构建模型（7-3），通过观察 β_4 的显著性与方向可以判断"技术距离"对高校知识溢出影响是否存在非线性关系。

$$Patent_{i(p),t} = FIRM\_RD_{i(p),t}^{\beta_1} \times UNIV\_RD_{p,t}^{\beta_2} \times (UNIV\_RD_{p,t} \times Similarity_{it})^{\beta_3} \times$$
$$(UNIV\_RD_{p,t} \times Similarity_{it}^2)^{\beta_4} \times e_{it} \tag{7-3}$$

为了实证检验高校知识溢出对企业创新的影响，我们对模型（7-1）等式两边同时取对数得到回归方程（7-4）：

$$\log(Patent_{i(p),t}) = \beta_1 \log(FIRM\_RD_{i(p),t}) + \beta_2 \log(UNIV\_RD_{p,t})$$
$$+ \beta_3 [\log(UNIV\_RD_{p,t}) \times Similarity_{i,t}]$$
$$+ \gamma Z_{i,t} + \delta X_{p,t} + \mu_i + \theta_t + \varepsilon_{it} \tag{7-4}$$

其中，被解释变量 $Patent_{i(p),t}$ 表示位于 p 省的上市公司 i 在 t 年的创新产出，我们用新增发明专利①申请数作为创新产出的代理变量；$FIRM\_RD_{i(p),t}$ 为位于 p 省的上市公司 i 截止到 t 年的研发投入存量，参照已有文献（Peri, 2005；吴超鹏和唐菂，2016），我们用 15% 作为研发投入的折旧率；$UNIV\_RD_{p,t}$ 为 p 省高校截止到 t 年的科研经费支出存量，同样用 15% 的折旧率计算得到；$Similarity_{i,t}$ 衡量的是上市公司 i 与本省高校之间的"技术距离"；$Z_{i,t}$ 为公司特征控制变量，包括公司年末总资产的自然对数（$asset_{i,t}$）、无形资产率（$intangible_{i,t}$）、总资产净利润率（$ROA_{i,t}$）、资产负债率（$leverage_{i,t}$）、公司成立年限加 1 后取自然对数（$age_{i,t}$）、托宾 Q 值（$Tobin's\ Q_{i,t}$）；为省级层面的控制变量，包括各省人口的对数（$Population_{i,t}$）与人均 GDP 增长率（$GDP\_growth_{i,t}$）；μ_i 为企业固定效应，控制企业层面不随时间变化的特征；θ_t 为年份固定效应，控制各年发生的不随个体变化的系统性冲击；ε_{it} 为随机误差项。

在式（7-4）的回归结果中，若系数 β_1 显著为正，表示上市公司创新产出对其自身研发投入的弹性是正的；若系数 β_2 显著为正，表示上市公司创新产出对同一省份高校科研投入的弹性是正的；若系数 β_3 显著为正，则表示与同一省份高校技术越相近的上市公司的创新产出对高校科研投入的弹性越大。除此之外，高校对企业的知识溢出还可能会在不同的知识接收者、不同制度环境以及不同技术领域层面存在异质性特征，因而在基准回归之后，本章还进行了分样本异质性检验。

---

① 专利分为发明专利、实用新型以及外观设计三类，实用新型以及外观设计专利只是技术上的"微创新"，发明专利数量更能体现企业的创新产出水平。

2. 数据来源与描述性统计

专利数据。我们从中国国家知识产权局（CNIPA）的专利数据库中获取每件发明专利的基本信息及其引证信息。专利的基本信息包括专利申请号、公开号、申请人、申请日、申请人地址、分类号等。首先，将专利申请人信息与上市企业名称与高校名称进行匹配，识别出上市公司专利与高校专利；再将上市公司专利在"公司—年份"层面上进行加总，将高校专利在"省份—年份"层面上进行加总，得到2008~2015年的新增专利数（申请数与授权数）；在计算企业—高校"技术相近度"指标时，保留每个专利的三位数专利分类号（3-Digital IPC code）用于加总企业和高校不同技术类别专利的数量；在将上市公司专利类别进行分类时，我们参考佩里（2005）的做法，根据专利的三位数专利分类号将专利归为六大类：计算机、医药、电子、机械、化学及其他。

上市公司数据。我们从CSMAR国泰安数据库中获取上市公司各项特征指标。各项指标的具体计算方法为：企业研发投入存量即为各年研发投入金额按照15%的折旧率进行加总；控制变量中的无形资产率 = 无形资产净额/总资产；总资产净利润率 = 净利润/总资产平均余额；资产负债率 = 负债总额/资产总额；企业年龄为公司成立年限加1后取对数；托宾Q值 =（股票市值 + 净债务）/有形资产现行价值，有形资产现行价值 = 资产总额 − 待摊费用 − 无形资产及其他资产 − 递延税款借项；是否国有企业虚拟变量的取值标准为，当实际控制人性质为"国有企业""行政机关与事业单位""中央机构"以及"地方机构"时取1，否则取0。

"985"高校政策数据。我们通过以下三种途径搜集各高校的科研成果转化政策信息（按主次排列）：首先，以邮件方式向39所"985"高校提交了信息公开申请，申请公开的内容包括各类有关促进科技成果转化与知识产权管理政策文件的初始版本以及修订版本；其次，在"985"院校的科技处以及科研处网站中的"政策规定"一栏逐个查找相关政策文件；最后，在百度搜索引擎上以"大学名称"加"知识产权管理""专利管理""科技成果转化""专利奖励"等作为关键词进行搜索。这三条途径获取的信息互为补充，最终得到了31所"985"高校科研成果转化政策及其修订的文本信息，其中17所高校的信息为高校信息公开办提供。通过人工阅读的方式，研究提取了不同高校科研成果转化中科研人员收益分成比例,并将其在省份层面取均值以供后面实证研究。

其他数据。高校科研经费支出、高校 R&D 成果转化项目数与参与人数、高校科技服务项目数与参与人数、高校合作研发派遣人数与接受人数的数据来自《高等学校科技统计资料汇编》。各省人口与人均地区生产总值增长率来自《中国统计年鉴》。各省知识产权司法保护强度指标来自国家知识产权局下属的中国专利协会主编的《知识产权保护社会满意度调查报告》;行政保护强度指标是搜集自国家知识产权局网站上各省知识产权局在 2008～2011 年公布的执法数据。

参考既有文献对上市公司数据的通行处理方案,我们剔除了以下样本:①在样本期被 ST、*ST、PT 处理及终止上市的公司;②当年 IPO 的观测值;③关键财务变量信息缺失或明显异常的观测值,最终得到 2008～2015 年 2 472 家上市公司的非平衡面板数据,共 16 127 个公司年度观测值。变量的描述性统计信息如表 7-1 所示。

表 7-1　　　　　　　　变量的描述性统计信息

变量名	变量含义	观察值	平均值	标准差	最小值	最大值
企业变量							
$\log(invention)$	发明专利申请量	16 127	0.497	1.039	0	8.594
$\log(invention\_granted)$	发明专利授权量	16 127	0.409	0.829	0	7.864
$FIRM\_RD$	企业的研发投入	16 127	10.67	8.959	0	25.13
$\log(asset)$	公司年末总资产	16 127	21.89	1.304	14.94	28.51
ROA	总资产净利润率	16 127	0.0423	0.21	-3.994	22.01
$Intangible$	无形资产率	16 127	0.0495	0.0682	0	0.895
$Leverage$	资产负债率	16 127	0.441	0.218	0.0435	0.998
Age	公司年龄	16 127	2.721	0.384	1.099	3.912
$Tobin's\ Q$	托宾 Q 值	16 127	2.375	2.228	0.0654	13.51
高校变量							
$UNIV\_RD$	高校科研支出	16 127	13.41	1.231	6.324	15.65
$Transfer$	成果转化(项目数)	16 127	6.940	1.317	0	8.581
	成果转化(参与人数)	16 127	6.318	1.247	0	7.963

续表

变量名	变量含义	观察值	平均值	标准差	最小值	最大值
Service	科技服务（项目数）	16 127	6.874	1.541	0	8.755
	科技服务（参与人数）	16 127	6.171	1.387	0	8.121
Collaboration	合作研发（派遣人数）	16 127	7.354	0.843	2.944	8.588
	合作研发（接受人数）	16 127	7.213	0.945	2.565	8.706
Royalty	校级科研人员收益分成	248	0.35	0.31	0	0.95
其他变量
Similarity	技术距离	16 127	0.0974	0.153	0	0.883
log（*population*）	各省人口总数	16 127	17.71	0.662	14.89	18.5
GDP_growth	各省人均GDP增长率	16 127	0.0884	0.0274	0.026	0.188

注：为了使 Royalty 指标的含义更为直观，我们列示了 2008~2015 年校级科研人员收益分成比例，结果显示，平均而言，"985" 高校将科研成果转化所获收益的 35% 分配给科研人员。

（三）实证分析*

在实证部分，本章首先采用最小二乘回归方法（OLS）对计量方程（7-4）进行检验，考察高校知识溢出是否会影响本省上市企业的创新研发绩效，以及"技术距离"是否影响高校对企业的知识溢出；其次，通过手工搜集各省主要高校关于促进科技成果转化的校级激励政策，从中提取高校专利转化所得收益中科研人员的收益分成指标作为工具变量，采用工具变量两阶段最小二乘回归方法（2SLS）对基准结果进行检验，并将被解释变量替换为发明专利的授权量进行稳健性检验；最后，本节分别从成果转化、科技服务与合作研究三个角度考察高校知识溢出影响企业创新的机制。

1. 基准回归结果

在基准回归分析中，我们首先考察高校研发对本省上市企业创新产出的影响，回归结果如表 7-2 所示。（1）列回归中，我们仅加入企业研发支出存量与本省高校科研投入存量，从回归系数上看，企业自身的研发投入对其专利数量有显著的正向影响，而本省高校科研投入存量却没有显著影响。在

* 本节部分数据与实证结果来自易巍和龙小宁（2021b）。

(2) 列回归中,我们引入高校—企业"技术相近度"指标与高校研发投入的交互项,来检验本省高校研发投入是否对与高校技术距离越近的企业影响更大。结果显示,企业自身的研发投入仍对其专利数量有显著的正向影响,"技术相近度"与高校研发投入的交互项系数显著为正,高校研发投入单独项系数仍不显著,但是系数从 0.0292 下降为 0.0249,说明高校研发投入对那些与其技术领域越"像"的企业正向影响越大。可能的解释是:在知识传播过程中,知识获取能力会受到知识积累的影响,那些与高校技术领域越"像"的企业由于自身在该领域内的知识积累较多,从而在吸收本地高校科研成果时具有优势。换言之,那些与本省高校的优势学科完全不匹配(技术相近度指标为 0)的企业能够从中吸收的知识就变得非常有限,这类企业对高校科研投入的专利产出弹性约等于零,因此,本地高校科研投入的增加并不影响这类企业的创新产出的变化。这一结果进一步支持了以下结论:与本省高校技术相近度越高的上市企业获得高校的知识溢出越大。

表 7-2　　　　高校研发对本省上市企业创新产出的影响

变量	log(invention)		
	(1)	(2)	(3)
$FIRM\_RD$	0.0064*** (0.002)	0.0062*** (0.002)	0.0059*** (0.002)
$UNIV\_RD$	0.0292 (0.054)	0.0249 (0.054)	0.0204 (0.054)
$Similarity \times UNIV\_RD$		0.0167*** (0.006)	0.0672*** (0.015)
$Similarity^2 \times UNIV\_RD$			-0.0952*** (0.027)
$\log(asset)$	0.0461** (0.020)	0.0468** (0.020)	0.0470** (0.020)
ROA	-0.0178 (0.011)	-0.0172 (0.011)	-0.0178 (0.012)
$Intangible$	0.2108 (0.145)	0.2044 (0.144)	0.1901 (0.143)
$Leverage$	0.0645 (0.072)	0.0595 (0.072)	0.0601 (0.072)

续表

变量	log(invention)		
	(1)	(2)	(3)
Age	0.0185	−0.0009	−0.0256
	(0.123)	(0.123)	(0.123)
Tobin's Q	0.0027	0.0033	0.0036
	(0.005)	(0.005)	(0.005)
log(population)	−0.2139	−0.2367	−0.1723
	(0.332)	(0.332)	(0.332)
GDP_growth	−0.4121	−0.3833	−0.4039
	(0.530)	(0.529)	(0.527)
Observations	16 127	16 127	16 127
R-squared	0.5228	0.5231	0.5238
Firm FE	YES	YES	YES
Year FE	YES	YES	YES

注：**、***分别表示5%、1%的显著性水平，所有回归系数的标准误均聚类至企业层面。

为了考察技术距离是否会对高校－企业知识溢出产生非线性影响，我们在（3）列回归中将技术相近度指标的平方与高校研发投入的交乘项引入回归中。回归结果显示，企业自身的研发投入、技术相近度指标与高校研发投入的交乘项系数仍然显著为正，但技术相近度指标的平方项与高校研发投入的交乘项系数则显著为负，说明技术相近度与高校－企业知识溢出呈倒"U"型关系，也即校企之间存在一个"最优技术距离"。当校企间创新知识结构的差异较大时，缩短技术距离能够增强企业获取本地高校知识溢出的能力；当校企间创新知识结构的同质化程度较高时，缩短技术距离反而阻碍了高校对企业的知识溢出。通过系数进行换算可得，校企间的"最优技术距离"为0.35。

2. 内生性问题的处理与稳健性检验

高校与企业间的"技术距离"指标可能存在内生性问题。一方面，创新能力越强的企业本身的知识积累就越多，这些企业吸收外部知识的能力也越强，它们能够快速捕捉与跟进高校的前沿技术，从而与本省高校之间的"技术距离"也更为相近；另一方面，可能存在一些无法观测的因素①同时影响企业创新能力与校企"技术距离"。因此，我们通过寻找高校与企业间"技术距离"的工具变量来解决可能存在的内生性问题。

自 2002 年《关于国家科研计划项目研究成果知识产权管理的若干规定》出台以来，中国开启了有关财政资助科研项目所获专利所有权的改革，也即将财政资助科研项目所获专利的所有权下放至高校，高校可以自主决定实施、许可他人实施、转让、作价入股等，并取得相应的收益，同时要求高校给予发明人一定比例的奖励和报酬。国家政策出台后，国内高校陆续制定了相应的校级政策，政策明确规定"专利转化所得收益应在学校、院系以及发明人之间按一定比例进行分配"。在政策激励之下，高校科研人员能够享有一定比例的科技成果转化所得，极大地促进了高校科研成果向产业界的转化，从而使得高校与企业间的"技术距离"更近了。同时，政策并不影响企业的创新活动。具体地，我们手工搜集了全国"985"高校有关促进科技成果转化政策文件的初始版本以及修订版本，通过人工阅读的方式整理出相应条款（见表 7-3），并提取高校专利转化所得收益分配比例 royalty 作为工具变量对基准结果进行检验。

表 7-3　　　　　"985"高校专利转化所得收益分配条款

政策条款与收益分配比例
①专利转让和许可获得的收益按 2∶1∶7 的分配比例由学校、院系、研发人员分别所有
②学校将其知识产权转让给他人或许可他人使用的，从转让或许可使用所取得的税后收益中，提取不低于 30% 的比例，对职务发明人给予奖励
③学校对外转让专利技术取得的收益按如下比例分配：学校 10%，学院（系）、直属法人单位 20%，发明人 70%
④分级奖励：转让纯收益 20 万元以下的，30% 上交学校，20% 归成果创造人所在单位，50% 奖励给成果创造人。转让纯收益超过 20 万元的，分段累计分配，其中 20 万元按上述比例分配，其余部分 40% 上交学校，30% 归成果创造人所在单位，30% 奖励给成果创造人

注：由于各高校关于专利转化收益分配比例的规定有所不同，且同一所高校的收益分配比例会随着年份的变化而发生改变。为使读者对高校科技成果转化收益分配政策有更直观的了解，本书归纳并摘录四类代表性条款呈现在表中。

资料来源：作者整理。

---

① 尽管在前面回归中我们已经控制了地区生产总值与人口，但仍可能存在一些不可观测的因素会对企业创新能力与校企"技术距离"同时产生影响。

由于工具变量指标的构造仅包括"985"高校,因此我们在两阶段最小二乘回归中剔除了没有"985"高校的省份样本,为了确保工具变量两阶段最小二乘回归结果与基准结果之间的可比性,我们在此样本基础上按照基准回归方程(见表7-2(2)列)进行回归,结果如表7-4(1)列所示,可以看到,$Similarity \times UNIV\_RD$ 系数仍然显著为正。工具变量两阶段最小二乘回归结果如表7-4(2)和(3)列所示,从一阶段回归结果看,高校专利转化所得收益分配比例越高的省份企业与高校的技术越相近,符合预期。Cragg-Donald 与 Kleibergen-Paap 检验结果均拒绝"弱工具变量"的原假设。第二阶段回归结果显示,$Similarity \times UNIV\_RD$ 系数仍然显著为正。IV-2SLS估计结果与 OLS 基本一致,验证了研究结论的可靠性。

表7-4 工具变量回归与稳健性检验

变量	log(invention)			log(invention_granted)
	(1) OLS	(2) IV-2SLS second stage	(3) IV-2SLS first stage	(4) OLS
$FIRM\_RD$	0.0083*** (0.002)	0.0039 (0.003)	0.0135*** (0.004)	0.0054*** (0.001)
$UNIV\_RD$	0.0176 (0.063)	-0.1049 (0.100)	0.3502*** (0.112)	0.0988** (0.043)
$Similarity \times UNIV\_RD$	0.0170** (0.007)	0.3359* (0.194)		0.0896*** (0.005)
$IV\_(royalty \times UNIV\_RD)$			0.0325*** (0.009)	
Observations	12 748	12 748	12 748	16 127
R-squared	0.5390	-0.2660	0.0528	0.5231
Controls	YES	YES	YES	YES
Firm FE	YES	YES	YES	YES
Year FE	YES	YES	YES	YES
F-statistic			13.85	

注:①所有回归均加入公司年末总资产的自然对数($asset_{i,t}$)、无形资产率($intangible_{i,t}$)、总资产净利润率($ROA_{i,t}$)、资产负债率($leverage_{i,t}$)、公司成立年限加1后取自然对数($age_{i,t}$)、托宾Q值($Tobin's\ Q_{i,t}$)、各省人口的对数($Population_{i,t}$)与人均地区生产总值增长率($GDP\_growth_{i,t}$)作为控制变量;②*、**、***分别表示10%、5%、1%的显著性水平,所有回归系数的标准误均聚类至企业层面。

在前述研究中，我们均使用发明专利的申请量作为上市公司研发产出的代理变量，由于我国专利法中规定，发明专利的申请需经过受理、初审、公布、实审后才能获得授权，2013 年全国的发明专利申请中有 23%[①]无法获得最终授权。为了使文章结论更为可信，我们在稳健性检验中采用发明专利授权量作为上市公司研发产出的代理变量进行回归。结果如表 7-4（4）列所示，我们发现企业内部的研发投入对其创新产出的影响仍然显著为正，与基准回归结果的不同之处在于高校研发对企业发明专利授权量有显著的正向影响，且 Similarity * UNIV_RD 的系数大于基准回归结果，说明高校研发确实促进了本省上市企业进行实质性创新，排除了上市企业为了"装点门面"而进行专利申请的可能。综上所述，高校研发能够显著促进本省与其技术相近上市企业的创新产出这一结论仍然稳健成立。

（四）机制检验

高校对产业界的知识外溢可能存在多种渠道，包括对企业实施科技成果转化、提供科技服务以及合作研发等（Adams, 2002; Perkman et al., 2013）。为了探究高校知识溢出究竟通过哪些途径影响企业创新，本节分别对上述三种机制进行实证检验。具体地，我们从教育部《高等学校科技统计资料汇编》获取各省高校参与成果转化、科技服务和合作研发等活动的信息，并将上述三个指标替换回归方程（7-4）中的高校研发投入 UNIV_RD，那么交互项系数 β_3 则表示高校是否能够通过实施科技成果转化、提供科技服务以及合作研发，来促进与其技术距离相近企业的创新。

回归结果如表 7-5 所示，在（1）（2）列回归中，我们分别采用高校科技成果转化项目数和参与人数的对数作为成果转化 Transfer 的代理变量。结果显示，两列回归中成果转化代理变量与技术距离的交互项系数均显著为正，表明企业可以通过技术购买和专利许可和转让等方式快速获得高校最新的科研成果，并在此基础上进行"二次创新"，从而实现新技术的快速商业化。

[①] 发明专利从申请至获得授权一般要经过 18 周，因此我们选取 2013 年申请的专利进行计算得出发明专利未被授权的比例占 23%。

在（3）（4）列回归中，我们采用高校科技服务项目数和参与人数的对数作为科技服务 Service 的代理变量。结果显示，两列回归中科技服务代理变量与技术距离的交互项系数显著为正，表明高校科研人员可以通过为企业提供技术咨询、技术开发以及技术培训等方面的科技服务，来促进企业的研发创新。在最后两列回归中，我们采用高校合作研发的派遣人数和接受人数的对数作为合作研发 Collaboration 的代理变量。结果显示，合作研发与"技术距离"的交互项系数同样显著为正，表明企业能够通过与高校的合作研发吸收新的知识，从而突破技术发展瓶颈，实现转型升级。

表7-5　　　　　　　高校知识溢出对企业创新影响的机制

变量	成果转化 log(invention)		科技服务		合作研发	
	(1) 项目数	(2) 参与人数	(3) 项目数	(4) 参与人数	(5) 派遣人数	(6) 接受人数
$FIRM\_RD$	0.0062*** (0.002)	0.0062*** (0.002)	0.0062*** (0.002)	0.0062*** (0.002)	0.0061*** (0.002)	0.0061*** (0.002)
$Transfer$	0.0239 (0.023)	0.0287 (0.022)				
$Similarity \times Transfer$	0.0314*** (0.012)	0.0365*** (0.013)				
$Service$			-0.0064 (0.018)	0.0096 (0.018)		
$Similarity \times Service$			0.0295** (0.012)	0.0342*** (0.013)		
$Collaboration$					0.0356 (0.025)	0.0085 (0.025)
$Similarity \times Collaboration$					0.0314*** (0.011)	0.0313*** (0.011)
Controls	YES	YES	YES	YES	YES	YES
Firm FE	YES	YES	YES	YES	YES	YES
Year FE	YES	YES	YES	YES	YES	YES
Observations	16 127	16 127	16 127	16 127	16 127	16 127
R-squared	0.5232	0.5232	0.5231	0.5231	0.5234	0.5233

注：**、***分别表示5%、1%的显著性水平，所有回归系数的标准误均聚类至企业层面。

（五）异质性分析

为了考察高校知识溢出是否会对企业创新产生异质性影响，我们分别在企业层面（所有制形式）、行业层面（技术类别）和地区层面（知识产权保护强度）进行分样本回归，下面将依次呈现回归结果。

1. 高校知识溢出对企业创新的异质性影响：所有制形式

为了区分上市企业的所有制形式，我们参照龙小宁等（2018）的做法从国泰安数据库中获取上市公司实际控制人信息。具体地，我们将实际控制人为国有企业、中央机构、行政机关与事业单位以及地方机构的上市公司归类至国有企业，剩余的其他上市公司则定义为非国有企业。按照上述分类办法将样本分为国有企业和非国有企业进行分组回归，结果列示在表7-6中。对于每个分样本，我们分别报告企业研发投入（FIRM_RD）、本省高校研发投入（UNIV_RD）以及技术相近度与高校研发投入的交互项系数（Similarity×UNIV_RD）。

表7-6　高校研发对本省上市企业创新产出的影响：分企业所有制

变量	log(invention) (1) 国有企业	log(invention) (2) 非国有企业
$FIRM\_RD$	0.0065** (0.003)	0.0047** (0.002)
$UNIV\_RD$	-0.0098 (0.116)	0.0506 (0.064)
$Similarity \times UNIV\_RD$	0.0279*** (0.011)	0.0085 (0.007)
Controls	YES	YES
Firm FE	YES	YES
Year FE	YES	YES
Observations	7 178	8 898
R-squared	0.5150	0.5383

注：①所有回归均加入公司年末总资产的自然对数（$asset_{i,t}$）、无形资产率（$intangible_{i,t}$）、总资产净利润率（$ROA_{i,t}$）、资产负债率（$leverage_{i,t}$）、公司成立年限加1后取自然对数（$age_{i,t}$）、托宾Q值（$Tobin's\ Q_{i,t}$）、各省人口的对数（$Population_{i,t}$）与人均地区生产总值增长率（$GDP\_growth_{i,t}$）作为控制变量；②*、**、***分别表示10%、5%、1%的显著性水平，所有回归系数的标准误均聚类至企业层面。

表7-6的回归结果显示，（1）列国有企业样本回归中，技术相近度指标与高校科研投入交互项的系数显著为正，说明国有企业的政治属性赋予了其独特的优势，能够利用与高校间的政治关联获取更多的高校知识溢出；相比之下，在（2）列非国有企业样本回归中，交互项系数为正，但并不显著，可能的原因是非国有企业不具备国企的政治资源，获取高校前沿技术成果的渠道较少，同时在利用高校创新成果进行进一步研发方面相较国企而言也缺乏资金优势。

2. 高校知识溢出对企业创新的异质性影响：技术类别

在公司金融领域，大多数针对行业异质性的分析是根据证监会的行业认定标准[①]进行分类，但这个分类标准可能忽略了企业在其他领域的表现，尤其是在其他领域的创新性活动，这些活动一般是企业谋求转型或是开发新增利润点的尝试，并不能在短时间内为公司带来营业收入，而这正是本研究试图利用专利数据来捕捉的企业创新活动。因此，为了考察中国高校研发对企业的哪个技术领域创新的贡献更大，我们参考佩里（2005）的做法，根据上市公司专利的 3-digital IPC（international patent classification）分类号将企业专利归类至以下六类：计算机、医药、电子、机械、化学以及其他，然后分别考察高校知识溢出对企业各技术类别专利产出数量的影响。

表7-7的（1）~（6）列按照高校知识溢出的强弱程度列示了回归结果，影响程度从左至右依次减弱，即电子＞机械＞化工＞计算机＞医药＞其他。对该结果的可能解释是，电子与化学领域的技术较为依赖大学学科基础知识，且其产业内的技术分工较为清晰，在研发过程中遇到的困难能够独立解决，因而对本地大学研发的依赖度较高，而机械行业由于产品体积与重量等因素限制，运输不便，也可能更加依赖较近距离的高校专家进行技术指导。计算机与医药类技术的研发对本地高校的依赖度较低。原因在于，一些技术领域的研发过程无法模块化，呈现出较强的整体性特征，例如，一项新药的研制的全过程一般都发生在医药企业内部，技术的不可分割性削弱了其对外部研发的依赖性。计算机领域的创新则呈现出以市场需求为导向，更新换代快，且可以借助互联网等途径进行信息传播。

---

① 当上市公司某类业务的营业收入比重大于或等于50%，则将其划入该业务相对应的行业。

表 7-7　高校研发对本省上市企业创新产出的影响：分技术类别

变量	log（invention）					
	(1)	(2)	(3)	(4)	(5)	(6)
	electronics	mechanical	chemical	computers	drugs	other
$FIRM\_RD$	0.0072***	0.0087***	0.0069***	0.0021**	0.0012**	0.0041***
	(0.001)	(0.001)	(0.001)	(0.001)	(0.000)	(0.001)
$UNIV\_RD$	0.0406	0.0316	0.0400	0.0067	0.0021	0.0032
	(0.033)	(0.035)	(0.030)	(0.022)	(0.015)	(0.023)
$Similarity \times UNIV\_RD$	0.0359***	0.0282***	0.0236***	0.0140***	0.0096***	0.0135***
	(0.005)	(0.005)	(0.004)	(0.003)	(0.003)	(0.003)
Controls	YES	YES	YES	YES	YES	YES
Firm FE	YES	YES	YES	YES	YES	YES
Year FE	YES	YES	YES	YES	YES	YES
Observations	16 127	16 127	16 127	16 127	16 127	16 127
R-squared	0.7750	0.7609	0.7074	0.7560	0.6072	0.6833

注：①所有回归均加入公司年末总资产的自然对数（$asset_{i,t}$）、无形资产率（$intangible_{i,t}$）、总资产净利润率（$ROA_{i,t}$）、资产负债率（$leverage_{i,t}$）、公司成立年限加 1 后取自然对数（$age_{i,t}$）、托宾 Q 值（$Tobin's\ Q_{i,t}$）、各省人口的对数（$Population_{i,t}$）与人均地区生产总值增长率（$GDP\_growth_{i,t}$）作为控制变量；②*、**、*** 分别表示 10%、5%、1% 的显著性水平，所有回归系数的标准误均聚类至企业层面。

3. 高校知识溢出对企业创新的异质性影响：知识产权保护强度

知识产权保护强度不仅会影响创新成果的公开速度，而且会影响创新主体的研发动力。一方面，由于专利是一种用公开换取垄断的制度安排，知识产权保护越强，创新主体公开技术后的垄断利益才更有可能得到保障。从这个角度看，知识产权保护有利于信息的共享，而信息分享对于产学合作十分重要，如果高校和企业之间缺乏信息交流，那么高校就不太可能获得企业的商业敏感信息，企业也很难获取科技成果背后蕴含的隐性知识（Inkpen and Tsang，2005）。另一方面，在知识产权保护水平较低的地区，由于假冒和抄袭的侵权成本较低，导致创新主体无法收回前期研发成本，在一定程度上打击了创新的积极性。

我们分别考虑地区知识产权司法保护与行政保护水平的差异对高校知识溢出效应的异质性影响。具体地，我们借鉴龙小宁等（2018）文章中对司法保护指标的衡量方法,从《知识产权保护社会满意度调查报告》[①] 中获得地区有关知识产权司法保护诉讼周期、诉讼成本、赔偿合理性以及审判公正性指标,从而构造地区司法保护水平变量(见表7-8)。参照报告中的方法,我们等权加总这四个分指标后取对数,构造知识产权司法保护指标,我们按照这一指标的50%分位数将样本分为知识产权司法保护保护弱的地区与强的地区。同样地,我们以"协作执法次数/行政侵权案件数"构造知识产权行政保护指标,并按照这一指标的50%分位数将样本分为知识产权行政保护保护弱的地区与强的地区进行回归。

表7-8 知识产权司法保护的分指标信息

指标名称	具体含义
诉讼周期	受访者对知识产权案件审理期限、结案及时性的看法
诉讼成本	对采用司法途径解决知识产权纠纷时,是否维权"成本高"的看法
赔偿合理性	受访者对知识产权侵权行为司法惩处力度、损害赔偿合理性的看法
审判公正性	受访者对知识产权案件审理过程公开、透明,严格依法审判的看法

表7-9中的前两列为知识产权保护弱的地区样本,我们发现无论是在司法保护还是行政保护情况下,知识产权保护弱的地区高校研发对企业专利产出均无显著影响;后两列为知识产权保护强的地区样本,结果显示强司法保护与强行政保护能够有效促进高校向企业的知识溢出。比较(3)列与(4)列交互项系数大小,发现知识产权司法保护对创新溢出作用的影响更大,这也与现实情况和龙小宁等(2018)的研究结论相符。

表7-9 高校研发对本省上市企业创新产出的影响:分地区知识产权保护强度

变量	log(*invention*)			
	知识产权保护弱的地区		知识产权保护强的地区	
	(1)	(2)	(3)	(4)
	司法保护	行政保护	司法保护	行政保护
FIRM_RD	-0.0092	0.0030	0.0088***	0.0050**
	(0.008)	(0.009)	(0.002)	(0.002)

---

① 《知识产权保护社会满意度调查报告》由国家知识产权局下属的中国专利协会负责编制。

续表

变量	log（invention）			
	知识产权保护弱的地区		知识产权保护强的地区	
	（1）	（2）	（3）	（4）
	司法保护	行政保护	司法保护	行政保护
UNIV_RD	-0.1051	-0.0001	0.0639	0.0071
	(0.202)	(0.318)	(0.061)	(0.059)
Similarity × UNIV_RD	-0.0056	-0.0137	0.0230***	0.0144**
	(0.015)	(0.026)	(0.008)	(0.007)
Controls	YES	YES	YES	YES
Firm FE	YES	YES	YES	YES
Year FE	YES	YES	YES	YES
Observations	4 147	2 065	11 455	13 358
R-squared	0.6706	0.7172	0.5576	0.5423

注：①所有回归均加入公司年末总资产的自然对数（$asset_{i,t}$）、无形资产率（$intangible_{i,t}$）、总资产净利润率（$ROA_{i,t}$）、资产负债率（$leverage_{i,t}$）、公司成立年限加 1 后取自然对数（$age_{i,t}$）、托宾 Q 值（$Tobin's\ Q_{i,t}$）、各省人口的对数（$Population_{i,t}$）与人均地区生产总值增长率（$GDP\_growth_{i,t}$）作为控制变量；②＊、＊＊、＊＊＊分别表示 10%、5%、1% 的显著性水平，所有回归系数的标准误均聚类至企业层面。

（六）本章小结

党的十九届五中全会强调要坚持创新在我国现代化建设全局中的核心地位，明确了"十四五"时期要进一步推动创新驱动发展战略的实施。在此背景之下，促进高校前沿技术的传播，强化高校作为创新高地的辐射带动能力至关重要。本章利用 2008~2015 年上市公司面板数据，考察了中国高校知识溢出对本省上市企业创新产出的影响。研究基于贾菲（1989）的知识生产函数模型，控制了高校与企业间的"地理距离"，构造高校—企业"技术距离"指标，考察校企之间的"技术距离"对高校知识溢出的影响。实证结果显示，与高校技术越相近的本省上市企业受到高校知识溢出的影响越大，高校知识溢出强度与校企间技术距离呈倒"U"型关系。利用各省主要高校科研成果转化政策中的研究人员收益分成占比作为工具变量解决可能存在的内生性问题，结果仍然稳健。进一步机制分析发现，高校知识溢出主要通过成果转化、科技服务以及合作研发等途径促进企业的研发创新。异质性分析结果显示，国有企业在获取高校知识溢出时有天然的优势，电子信息技术行业的创新更依赖高校的基础研究，良好的知识产权保护能够有效促进高校的知识溢出。

然而，本书还存在以下几点不足：一是对校企间"技术距离"的影响因素分析还不够充分。除了所有制形式、产权保护制度和行业特征等因素外，是否还存在其他影响"技术距离"的因素。二是高校知识溢出影响企业创新的机制检验还不够全面。囿于微观数据的缺乏，本书仅针对成果转化、科技服务与合作研发这三个可能的渠道进行检验，其他渠道（比如人才培养、学术创业和公开发表等）的影响是接下来的研究需要关注与解决的。

综上所述，为了充分发挥高校的创新引领作用，本章提出以下政策建议：第一，政府要搭建企业与高校科研院所的学术交流平台，以成果推介会、人才交流会以及主题研讨会等形式推动产学研融合发展。第二，要促进高校科技成果转化改革，坚定不移地实施"以知识价值为导向的分配政策"，解决高校科技成果所有权的归属问题以及高校领导的决策责任问题，鼓励高校科研人员走出"象牙塔"与企业开展研发合作。第三，提升企业自主创新能力与知识积累。进一步加大创新型企业的研发费用加计扣除与新产品税收优惠力度，着力推进中小企业创新创业发展，搭建大中小企业创新合作平台，采用政府购买等方式扶持重点行业、重点企业的重大技术创新活动。以"造血"代替"输血"，增强企业自身研发实力，从而提升企业吸收外界知识溢出的能力。第四，提高地区知识产权保护水平。加强专业人才队伍的建设，优化案件审理流程，压缩审理周期。将大数据和区块链等新技术运用到知识产权案件的溯源、调查取证和审理环节，精准打击侵权行为。推动知识产权案件审理的跨区域协作，破除地方司法保护的制度藩篱。

参考文献

[1] 卞元超，吴利华，白俊红．高铁开通是否促进了区域创新？［J］．金融研究，2019（6）：132－149．

[2] 卜昕．美国大学技术转移简介［M］．西安：西安电子科技大学出版社，2014．

[3] 常旭华．精细化管理视角下高校专利转移管理问题与国别借鉴研究［J］．科学学与科学技术管理，2017，38（5）：27－36．

[4] 付晔，张乐平，马强等．R&D 资源投入对不同类型高校专利产出的影响［J］．研究与发展管理，2010，22（3）：103－111．

[5] 郭江江，戚巍，王子晨．我国高校研发投入与创新产出关系的实证研究［J］．中国高教研究，2014（3）：37－41．

[6] 吉赟，杨青．高铁开通能否促进企业创新：基于准自然实验的研究［J］．世界经济，2020，43（2）：147－166．

[7] 李春艳，刘力臻．产业创新系统生成机理与结构模型［J］．科学学与科学技术管理，2007，28（1）：50－55．

[8] 李梓涵昕，朱桂龙．产学研合作中的主体差异性对知识转移的影响研究［J］．科学学研究，2019，37（2）：320－328．

[9] 刘芳．高速铁路、知识溢出与城市创新发展——来自 278 个城市的证据［J］．财贸研究，2019（4）：14－29．

[10] 刘斐然，胡立君，范小群．产学研合作对企业创新质量的影响研究［J］．经济管理，2020，42（10）：120－136．

[11] 龙小宁，王俊．中国专利激增的动因及其质量效应［J］．世界经济，2015（6）：115－142．

[12] 龙小宁，易巍，林志帆．知识产权保护的价值有多大？——来自

中国上市公司专利数据的经验证据 [J]. 金融研究, 2018 (8): 120 - 136.

[13] 龙玉, 赵海龙, 张新德, 李曜. 时空压缩下的风险投资——高铁通车与风险投资区域变化 [J]. 经济研究, 2017 (4): 195 - 208.

[14] 卢阳旭, 龚旭. 科学资助中的控制权分配——以科学基金机构职能变迁为例 [J]. 科学学研究, 2019, 37 (3): 470 - 475 + 525.

[15] 马光荣, 程小萌, 杨恩艳. 交通基础设施如何促进资本流动——基于高铁开通和上市公司异地投资的研究 [J]. 中国工业经济, 2020 (6): 5 - 23.

[16] 毛世平, 杨艳丽, 林青宁. 改革开放以来我国农业科技创新政策的演变及效果评价——来自我国农业科研机构的经验证据 [J]. 农业经济问题, 2019 (1): 73 - 85.

[17] 饶品贵, 王得力, 李晓溪. 高铁开通与供应商分布决策 [J]. 中国工业经济, 2019 (10): 137 - 154.

[18] 史欣向, 冯莉, 梁彤缨. 中国现有的研发资源与科研产出的关系——基于第二次全国 R&D 资源清查数据的实证研究 [J]. 科研管理, 2012, 33 (10): 1 - 8.

[19] 孙浦阳, 张甜甜, 姚树洁. 关税传导、国内运输成本与零售价格——基于高铁建设的理论与实证研究 [J]. 经济研究, 2019 (3): 135 - 149.

[20] 唐明凤, 李巧华, 蔡继鸣. 我国"杜拜法规"对高校专利与许可的影响研究 [J]. 软科学, 2014, 28 (4): 135 - 139.

[21] 唐宜红, 俞峰, 林发勤, 张梦婷. 中国高铁、贸易成本与企业出口研究 [J]. 经济研究, 2019 (7): 158 - 173.

[22] 王春杨, 兰宗敏, 张超, 侯新烁. 高铁建设、人力资本迁移与区域创新 [J]. 中国工业经济, 2020 (12): 102 - 120.

[23] 王少青. 我国高等学校科研投入产出分析 [J]. 数量经济技术经济研究, 2002, 19 (5): 77 - 79.

[24] 魏守华, 王英茹, 汤丹宁. 产学研合作对中国高技术产业创新绩效的影响 [J]. 经济管理, 2013, 35 (5): 19 - 30.

[25] 吴超鹏, 唐菂. 知识产权保护执法力度、技术创新与企业绩效——来自中国上市公司的证据 [J]. 经济研究, 2016 (11): 125 - 139.

[26] 徐凯, 高山行. 中国高等院校科研投入——产出研究 [J]. 研究与发展管理, 2008 (2): 97-101.

[27] 徐凯, 高山行. 中国高校 R&D 支出与专利申请的相关关系研究 [J]. 科学学研究, 2006 (S2): 421-425.

[28] 严成樑, 龚六堂. R&D 规模、R&D 结构与经济增长 [J]. 南开经济研究, 2013 (2): 3-19.

[29] 颜银根, 倪鹏飞, 刘学良. 高铁开通、地区特定要素与边缘地区的发展 [J]. 中国工业经济, 2020 (8): 118-136.

[30] 叶静怡, 林佳, 张鹏飞, 曹思未, 中国国有企业的独特作用: 基于知识溢出的视角 [J]. 经济研究, 2019, 54 (6): 40-54.

[31] 易巍, 龙小宁. 中国版 Bayh-Dole Act 促进高校创新吗? [J]. 经济学 (季刊), 2021a, 21 (2): 671-692.

[32] 易巍, 龙小宁. 高校知识溢出对异质性企业创新的影响 [J]. 经济管理, 2021b, 43 (7): 120-135.

[33] 易巍, 龙小宁, 林志帆. 地理距离影响高校专利知识溢出吗——来自中国高铁开通的经验证据 [J]. 中国工业经济, 2021 (9): 99-117.

[34] 张梦婷, 俞峰, 钟昌标, 林发勤. 高铁网络、市场准入与企业生产率 [J]. 中国工业经济, 2018 (5): 137-156.

[35] 赵静, 黄敬昌, 刘峰. 高铁开通与股价崩盘风险 [J]. 管理世界, 2018 (1): 157-168, 192.

[36] 赵勇, 白永秀. 知识溢出: 一个文献综述 [J]. 经济研究, 2009 (1): 144-156.

[37] 郑江淮, 冉征. 走出创新"舒适区": 地区技术多样化的动态性及其增长效应 [J]. 中国工业经济, 2021 (5): 19-37.

[38] 周玉龙, 杨继东, 黄阳华, Geoffrey J. D. Hewings. 高铁对城市地价的影响及其机制研究——来自微观土地交易的证据 [J]. 中国工业经济, 2018 (5): 118-136.

[39] 朱月仙, 方曙. 专利申请量与 R&D 经费支出关系的研究 [J]. 科学学研究, 2007, 25 (1): 123-127.

[40] Acs Z J, Audretsch D B. Feldman M P. R&D Spillovers and Recipient

Firm Size [J]. Review of Economics & Statistics, 1994, 76 (2): 336 – 340.

[41] Adams, J. D. Comparative Localization of Academic and Industrial Spillovers [J]. Journal of Economic Geography, 2002, 2 (3): 253 – 278.

[42] Adams J D, Griliches Z. Research Productivity in a System of Universities [M] //The economics and econometrics of innovation. Springer, Boston, MA, 2000: 105 – 140.

[43] Aghion P, Tirole J. The management of innovation [J]. The Quarterly Journal of Economics, 1994, 109 (4): 1185 – 1209.

[44] Agrawal, A., A. Galasso, and A. Oettl, Roads and Innovation [J]. The Review of Economics and Statistics, 2017, 99 (3): 417 – 434.

[45] Agrawal, A., and A. Goldfarb. Restructuring Research: Communication Costs and the Democratization of University Innovation [J]. American Economic Review, 2008, 98: 1578 – 1590.

[46] Agrawal A, Henderson R. Putting Patents in Context: Exploring Knowledge Transfer from MIT [J]. Management Science, 2001, 48 (1): 44 – 60.

[47] Agrawal A. Importing Scientific Inventions: Direct Interaction, Geography and Economic Performance [M]. Mimeo. MIT, (2002a).

[48] Agrawal A. Innovation, Growth Theory and the Role of Knowledge Spillovers [J]. Innovation Analysis Bulletin, (2002b). 4 (3), 3 – 6.

[49] Ahn T, Charnes A, Cooper W W. Some statistical and DEA evaluations of relative efficiencies of public and private institutions of higher learning [J]. Socio-Economic Planning Sciences, 1988, 22 (6): 259 – 269.

[50] Akcigit U, Hanley D, Serrano-Velarde N. Back to basics: Basic research spillovers, innovation policy, and growth [J]. The Review of Economic Studies, 2021, 88 (1): 1 – 43.

[51] Almeida P. Knowledge Sourcing by Foreign Multinationals: Patent Citation Analysis in the U. S. Semiconductor Industry [J]. Strategic Management Journal, 1996, 17 (S2): 155 – 165.

[52] Almeida P, Kogut B. The Exploration of Technological Diversity and the Geographic Localization of Innovation [J]. Small Business Economics, 1997, 9

(1): 21 –31.

[53] Amon C. Hierarchical Growth: Basic and Applied Research [C]. CER-ETH-Center of Economic Research (CER-ETH) at ETH Zurich, 2009: 178 –184.

[54] Andersen E S, Joseph A. Schumpeter: A Theory of Social and Economic Evolution [M]. New York: Palgrave Macmillan, 2011.

[55] Andrews, M. The Role of Universities in Local Invention: Evidence from the Establishment of US Colleges [J]. Job Market Paper, 2017.

[56] Anselin L, Varga A, Acs Z. Local Geographic Spillovers between University Research and High Technology Innovations [J]. Journal of Urban Economics, 1997, 42 (3): 422 –448.

[57] Argyres N S, Liebeskind J P. Privatizing the Intellectual Commons: Universities and the Commercialization of Biotechnology [J]. Journal of Economic Behavior & Organization, 1998, 35 (4): 427 –454.

[58] Arora A, Belenzon S, Patacconi A, et al. The changing structure of American innovation: Some cautionary remarks for economic growth [J]. Innovation Policy and the Economy, 2020, 20 (1): 39 –93.

[59] Arrow K J. Economic Welfare and the Allocation of Resources for Invention, in the Rate and Direction of Inventive Activity: Economic and Social Factors [M]. Princeton University Press, 1962.

[60] Ash A, Nigel T. Institutional Issues for the European Regions: From Markets and Plans to Socioeconomics and Powers of Association [J]. Economy and Society, 1995, 24 (1): 41 –66.

[61] Audretsch D B, Feldman M P. R&D Spillovers and the Geography of Innovation and Production [J]. American Economic Review, 1996, 86 (3): 630 –640.

[62] Autant-Bernard C. Science and knowledge flows: evidence from the French case. Research Policy, (2001a), 30 (7): 1069 –1078.

[63] Autant-Bernard C. The Geography of Knowledge Spillovers and Technological [J]. Proximity. Economics of Innovation and New Technology, (2001b), 10 (4): 237 –254.

［64］Azoulay P, Fons-Rosen C, Graff Zivin J S. Does science advance one funeral at a time? ［J］. American Economic Review, 2019, 109 (8): 2889 – 2920.

［65］Balconi M, Breschi S, Lissoni F. Networks of Inventors and the Role of Academia: An Exploration of Italian Patent Data ［J］. Research Policy, 2004, 33 (1): 127 – 145.

［66］Baum-Snow, N., L. Brandt, J. V. Henderson, M. A. Turner, and Q. Zhang. Roads, Railroads, and Decentralization of Chinese Cities ［J］. Review of Economics and Statistics, 2017, 99 (3): 435 – 448.

［67］Beck, T., R. Levine and A. Levkov, Big Bad Banks? The Winners and Losers from Bank Deregulation in the United States ［J］. Journal of Finance, 2010, 65: 1637 – 1667.

［68］Belenzon S, Schankerman M A. Harnessing Success: Determinants of University Technology Licensing Performance ［J］. STICERD-Economics of Industry Papers, 2007.

［69］Bjerregaard, T. Industry and Academia in Convergence: Micro-Institutional Dimensions of R&D Collaboration ［J］. Technovation, 2010, 30 (2): 100 – 108.

［70］Borjas G J, Doran K. Prizes and Productivity: How Winning the Fields Medal Affects Scientific Output ［J］. Journal of Human Resources, 2013, 50 (3): 728 – 758.

［71］Bottazzi L, Peri G. Innovation and spillovers in regions: Evidence from European patent data ［J］. European economic review, 2003, 47 (4): 687 – 710.

［72］Branstetter L G. Are Knowledge Spillovers International or Intranational in Scope? Microeconometric Evidence from the U. S and Japan ［J］. Journal of International Economics, 2001, 53 (1): 53 – 79.

［73］Bresnahan T F, Trajtenberg M. General purpose technologies 'Engines of growth'? ［J］. Journal of econometrics, 1995, 65 (1): 83 – 108.

［74］Bstieler, L, Hemmert, M., Barczak, G. Trust Formation in University-Industry Collaborations in the US Biotechnology Industry: IP Policies, Shared Governance, and Champions ［J］. Journal of Product Innovation Management,

2015, 32 (1): 111 – 121.

[75] Cai, Y., X. Tian, and H. Xia. Location, Proximity, and M&A Transactions [J]. Journal of Economics & Management Strategy, 2016, 25 (3): 688 – 719.

[76] Caniels M C J. Knowledge Spillovers and Economic Growth-Regional Growth Differentials across Europe. Edward Elgar, Cheltenham, UK, 2000.

[77] Cardamone P, Pupo V, Ricotta F, University Technology Transfer and Manufacturing Innovation: The Case of Italy, Review of Policy Research, 2015, 32: 297 – 322.

[78] Carlsson B, Fridh A C. Technology Transfer in the United States Universities. A Survey and Statistical Analysis [J]. Journal of Evolutionary Economics, 2002.

[79] Catalini, C., C. Fonsrosen, and P. Gaulé, Did Cheaper Flights Change the Direction of Science? [R]. CEPR Working Paper, 2016.

[80] Cefis E, Marsili O. Survivor: The role of innovation in firms' survival [J]. Research policy, 2006, 35 (5): 626 – 641.

[81] Chang X, Chen Q, Cheng D, et al. Economic Incentives in Chinese University: Is a Higher Inventor Share Rate More Effective? [J]. Academy of Management Annual Meeting Proceedings, 2016, (1).

[82] Cockburn I M, Henderson R. Absorptive Capacity, Coauthoring Behavior and the Organization of Research in Drug Discovery. The Journal of Industrial Economics, 1998, 66 (2): 157 – 182.

[83] Cohen W M, Levinthal D A. Absorptive capacity: a new perspective on innovation and learning". Administrative Sciences Quarterly, 1990, 35: 128 – 152.

[84] Cohen W M, Levinthal D A. Innovation and Learning: The Two Faces of R&D. Economic Journal, 1989, 99 (3): 569 – 596.

[85] Cohen, W. M., R. P. Nelson and J. P. Walsh, Links and Impacts: The Influence of Public Research on Industrial R&D [J]. Management Science, 2002, 48: 1 – 23.

[86] Colombo M G, Adda D, Piva E. The Contribution of University

Research to the Growth of Academic Start-ups: An Empirical Analysis [J]. The Journal of Technology Transfer, 2010, 35 (1): 113 – 140.

[87] Colyvas J, Crow M, Gelijns A, et al. How Do University Inventions get into Practice? [J]. Management Science, 2002, 48 (1): 61 – 72.

[88] Cooke P, Schienstock G. Structural Competitiveness and Learning Regions [J]. Enterprise & Innovation Management Studies, 2000, 1 (3): 265 – 280.

[89] Dasgupta P, David P A. Information Disclosure and the Economics of Science and Technology [M] Arrow and the Ascent of Modern Economic Theory. Palgrave Macmillan UK, 1987: 519 – 542.

[90] Dechenaux E, Thursby J, Thursby M., Inventor Moral Hazard in University Licensing: The Role of Contracts, Research Policy, 2011, 40: 94 – 104.

[91] Dong, X., S. Zheng, and M. E. Kahn. The Role of Transportation Speed in Facilitating High Skilled Teamwork Across Cities [J]. Journal of Urban Economics, 2020, 115: 103212.

[92] Duguet, E. and M. Macgarvie. How Well do Patent Citations Measure Flows of Technology? Evidence from French Innovation Surveys [J]. Development & Comp Systems, 2005, 14 (5): 375 – 393.

[93] Feldman, M., I. Feller, J. Bercovitz, and R. Burton. Equity and the Technology Transfer Strategies of American Research Universities [J]. Management Science, 2002, 48 (1): 105 – 121.

[94] Feldman M P, Audretsch D B. Innovation in Cities: Science-based Diversity, Specialization and Localized Competition [J]. European Economic Review, 1999, 43 (2): 409 – 429.

[95] Feldman, M. P. The New Economics of Innovation, Spillovers and Agglomeration: A Review of Empirical Studies [J]. Economics of Innovation & New Technology, 1999, 8 (1 – 2): 5 – 25.

[96] Florida R L, Cohen W M. Engine or Infrastructure? The University Role in Economic Development. In: Branscomb, L. M., Kodama, F., Florida, R. (Eds.), Industrializing Knowledge: University-Industry Linkages in Japan and the United States. MIT Press, Cambridge, MA, 1999, 589 – 610.

[97] Fong Patrick S W, Chang X, Chen Q. Faculty Patent Assignment in the Chinese Mainland: Evidence from the Top 35 Patent Application Universities, Journal of Technology Transfer, 2018, 43: 1-27.

[98] Freeman C. Technology Policy and Economic Performance: Lessons from Japan, Pinter Publisher, 1987.

[99] Freeman C. The Economics of Industrial Innovation [M]. Penguin, Harmondsworth, 1974.

[100] Freeman C, The Economics of Industrial Innovation, 2nd ed., London: Pinter Publishers, 1982.

[101] Freeman C. The National System of Innovation in Historical Perspective [J]. Cambridge Journal of Economics, 1995, 19 (1): 5-24.

[102] Frenken K, Oort F V, Verburg T. Related Variety, Unrelated Variety and Regional Economic Growth [J]. Regional Studies, 2007, 41 (5): 685-697.

[103] Gertler M S. Tacit Knowledge and the Economic Geography of Context, or the Undefinable Tacitness of Being (there) [J]. Journal of Economic Geography, 2003, 3 (1): 75-99.

[104] Gilsing, V, Bekkers, R, Freitas I. M. B., et al., Differences in Technology Transfer between Science-Based and Development-Based Industries: Transfer Mechanisms and Barriers [J]. Technovation, 2011, 31 (12): 638-647.

[105] Gompers P, Lerner J. The Venture Capital Cycle. MIT Press, Cambridge, MA, 1999.

[106] Green J R, Scotchmer S. On the division of profit in sequential innovation [J]. The Rand journal of economics, 1995: 20-33.

[107] Gregorio D D, Shane S. Why do some Universities Generate More Start-Ups than others? [J]. Research Policy, 2003, 32 (2): 209-227.

[108] Griliches Z. Issues in Assessing the Contribution of R&D to Productivity [J]. Bell Journal of Economics, 1979, 10 (1): 92-116.

[109] Griliches Z. The Search for R&D Spillovers [J]. Scandinavian Journal of Economics, 1991, 94 (94): 29-47.

[110] Grossman G M, Helpman E. Endogenous innovation in the theory of

growth [J]. Journal of Economic Perspectives, 1994, 8 (1): 23 –44.

[111] Grossman, G. M., Helpman, E. (1991). Innovation and Growth in the Global Economy. MIT Press, Cambridge, MA.

[112] Guo H. et al., IP Management at Chinese Universities in Intellectual Property Management [M]. Health and Agricultural Innovation: A Handbook of Best Practices, Oxford Press, 2007.

[113] Hausman N. University innovation, local economic growth, and entrepreneurship [J]. US Census Bureau Center for Economic Studies Paper No. CES-WP –12 –10, 2012.

[114] Henderson R, Jaffe A B, Trajtenberg M. Universities as a Source of Commercial Technology: A Detailed Analysis of University Patenting, 1965 –1988 [J]. Review of Economics and Statistics, 1998, 80 (1): 119 –127.

[115] Hermosilla J. C. et al. Policy Strategies to Promote Eco-Innovation [J]. Journal of Industrial Ecology, 2010, 14 (4): 541 –557.

[116] Hicks D, Breitzman T, Olivastro D, et al. The Changing Composition of Innovative Activity in the US—A Portrait Based on Patent Analysis [J]. Research Policy, 2001, 30 (4): 681 –703.

[117] Hippel, V. E. Sticky Information and the Locus of Problem Solving: Implications for Innovation [J]. Management Science, 1994, 40 (4): 429 –439.

[118] Holmstrom B, Milgrom P. Multitask principal-agent analyses: incentive contracts, asset ownership, and job design [J]. Journal of Law, Economics, and Organization., 1991, 7: 24.

[119] Hong W, Su Y S. The effect of institutional proximity in non-local university-industry collaborations: An analysis based on Chinese patent data [J]. Research Policy, 2013, 42 (2): 454 –464.

[120] Hornung, E. Railroads and Growth in Prussia [J]. Journal of the European Economic Association, 2015, 13 (4): 699 –736.

[121] Howitt P, Aghion P. Capital accumulation and innovation as complementary factors in long-run growth [J]. Journal of Economic Growth, 1998, 3 (2): 111 –130.

[122] Howitt P. Steady endogenous growth with population and R. & D. inputs growing [J]. Journal of Political Economy, 1999, 107 (4): 715-730.

[123] Hvide H K, Jones B F. University innovation and the professor's privilege [J]. American Economic Review, 2018, 108 (7): 1860-1898.

[124] Inkpen A C, Tsang E W K., Social Capital, Networks, and Knowledge Transfer [J]. Academy of Management Review, 2005, 30 (1): 146-165.

[125] Iversen E J, Gulbrandsen M, Klitkou A. A Baseline for the Impact of Academic Patenting Legislation in Norway [J]. Scientometrics, 2007, 70 (2): 393-414.

[126] Jaffe, A. B., M. Trajtenberg, and M. S. Fogarty. Knowledge Spillovers and Patent Citations: Evidence from a Survey of Inventors [J]. American Economic Review, 2000, 90 (2): 215-218.

[127] Jaffe A. B. Real Effects of Academic Research [J]. American Economic Review, 1989, 79 (5): 957-970.

[128] Jaffe A B. Technological Opportunity and Spillovers of R & D: Evidence from Firms' Patents, Profits, and Market Value [J]. American Economic Review, 1986, 76 (5): 984-1001.

[129] Jaffe A B, Trajtenberg M, Henderson R. Geography, location of knowledge spillovers as evidence of patent citations [J]. Quarterly Journal of Economics, 1993, 108 (3): 577-598.

[130] Jaffe A B, Trajtenberg M. International knowledge flows: Evidence from patent citations [J]. Economics of innovation and new technology, 1999, 8 (1-2): 105-136.

[131] Jaffe A B, Trajtenberg M. Patents, Citations, and Innovations: A Window on the Knowledge Economy. MIT Press, Cambridge, MA, 2002.

[132] Jensen R, Thursby M. Proofs and Prototypes for Sale: The Licensing of University Inventions [J]. American Economic Review, 2001, 91 (1): 240-259.

[133] Kantor, S., Whalley, A. Knowledge Spillovers from Research Universities: Evidence from Endowment Value Shocks [J]. Review of Economics and Statistics, 2014, 96 (1): 171-188.

[134] Krugman P. Increasing Returns and Economic Geography [J]. Journal of Political Economy, 1991, 99 (3): 483 - 499.

[135] Lach S, Schankerman M. Royalty Sharing and Technology Licensing in Universities [J]. Journal of the European Economic Association, 2004, 2 (2 - 3), 252 - 264.

[136] Lentz R, Mortensen D T. An empirical model of growth through product innovation [J]. Econometrica, 2008, 76 (6): 1317 - 1373.

[137] Leten B, Kelchtermans S, Belderbos R. Internal Basic Research, External Basic Research and the Technological Performance of Pharmaceutical Firms [J]. Ssrn Electronic Journal, 2010: 1 - 31.

[138] Lin, Y. Travel Costs and Urban Specialization Patterns: Evidence from China's High Speed Railway System [J]. Journal of Urban Economics, 2017, 98: 98 - 123.

[139] Lissoni F, Llerena P, Mckelvey M, et al. Academic Patenting in Europe: New Evidence from The KEINS Database [J]. Research Evaluation, 2008, 17 (2): 87 - 102.

[140] Lucas R E. Making a Miracle [J]. Econometrica 1993, 61: 251 - 272.

[141] Lucas R E. On the Mechanics of Economic Development [J]. Journal of Monetary Economic, 1988, 22: 3 - 39.

[142] Mansfield E. Academic Research and Industrial Innovation: A Further Note [J]. Research Policy, 1991b, 21: 295 - 296.

[143] Mansfield E. Academic Research and Industrial Innovation: An Update of Empirical Finding [J]. Research Policy, 1998, 26: 773 - 776.

[144] Mansfield, E. Academic Research and Industrial Innovation [J]. Research Policy, 1991a, 20, 1 - 12.

[145] Mansfield E. Academic Research Underlying Industrial Innovations: Sources, Characteristics, and Financing [J]. Review of Economics and Statistics, 1995. 77 (1): 55 - 65.

[146] Maurseth P B, Verspagen B. Knowledge Spillovers in Europe: A

Patent Citations Analysis [J]. Scandinavian Journal of Economics, 2010, 104 (4): 531 - 545.

[147] Merton R K. Priorities in Scientific Discovery: A Chapter in the Sociology of Science [J]. American Sociological Review, 1957, 22 (6): 635 - 659.

[148] Merton R K, Shapere D. The Sociology of Science: Theoretical and Empirical Investigation [M]. The Univ. Pr, 1973.

[149] Merton R K. The Matthew Effect in Science, II: Cumulative Advantage and the Symbolism of Intellectual Property [J]. Isis, 1988, 79 (4): 606 - 623.

[150] Metcalfe S, Ramlogan R. Innovation Systems and the Competitive Process in Developing Economies [J]. Quarterly Review of Economics & Finance, 2008, 48 (2): 433 - 446.

[151] Meyer M. Academic Patents as An Indicator of Useful Research? A New Approach to Measure Academic Inventiveness [J]. Research Evaluation, 2003, 12 (1): 17 - 27.

[152] Mowery, D. C. and A. A. Ziedonis. Markets Versus Spillovers in Outflows of University Research [J]. Research Policy, 2015, 44 (1): 50 - 66.

[153] Mowery D C, Nelson R R, Sampat B N, et al. The Growth of Patenting and Licensing by U. S. Universities: An Assessment of the Effects of the Bayh-Dole act of 1980 [J]. Research Policy, 2001, 30 (1): 99 - 119.

[154] Mowery D C, Sampat B N, Ziedonis A A. Learning to Patent: Institutional Experience, Learning, and the Characteristics of U. S. University Patents After the Bayh-Dole Act, 1981 - 1992 [M]. INFORMS, 2002.

[155] Mowery D C, Ziedonis A A. The Geographic Reach of Market and Non-Market Channels of Technology Transfer: Comparing Citations and Licenses of University Patents [J]. Nber Working Papers, 2001.

[156] Narin F, Hamilton K S, Olivastro D. The Increasing Linkage between U. S. Technology and Public Science [J]. Research Policy, 1997, 26 (3): 317 - 330.

[157] Nasierowski W, Arcelus F J. Interrelationships among the Elements of National Innovation Systems: A Statistical Evaluation [J]. European Journal of

Operational Research, 1999, 119 (2): 235 – 253.

[158] Nelson R. The Simple Economics of Basic Scientific Research [J]. The Journal of Political Economy, 1959, 67 (3), 297 – 306.

[159] Nordhaus, W., Invent, Growth and Welfare: A Theoretical Treatment of Technological Change, Published by MITPress, 1969.

[160] Orlando M J. On the Importance of Geographic and Technological Proximity for R&D Spillovers: An Empirical Investigation. Federal Reserve Bank of Kansas City Research Working Paper, 2000.

[161] Owen-Smith J, Powell W W. To patent or not: Faculty decisions and institutional success at technology transfer [J]. The Journal of Technology Transfer, 2001, 26 (1): 99 – 114.

[162] Pakes A., 1986, Patents as Options: Some Estimates of the Value of Holding European Patent Stocks, Econometrica, 1986, 54: 755 – 784.

[163] PavittK. The social shaping of the national science base [J]. Research Policy, 1998, 27 (8): 793 – 805.

[164] Peri G. Determinants of Knowledge Flows and Their Effect on Innovation [J]. Review of Economics & Statistics, 2005, 87 (2): 308 – 322.

[165] Perkmann, M., Tartari, V., McKelvey, M., et al. Academic Engagement and Commercialisation: A Review of the Literature on University-Industry Relations [J]. Research policy, 2013, 42 (2): 423 – 442.

[166] Petruzzelli A M. The Impact of Technological Relatedness, Prior Ties, and Geographical Distance on University-Industry Collaborations: A Joint-Patent Analysis [J]. Technovation, 2011, 31 (7): 309 – 319.

[167] Phlips L., Competition Policy, New York: Cambridge University Press, 1995.

[168] Powell W W, Koput K W, Smith-Doerr L. Interorganizational Collaboration and the Locus of Innovation: Networks of Learning in Biotechnology [J]. Administrative Science Quarterly, 1996, 41 (1): 116 – 145.

[169] Pulsinelli G. Share and Share Alike: Increasing Access to Government-Funded Inventions Under the Bayh-Dole Act [J]. Social Science Electronic Pub-

lishing, 2007.

[170] Qin, Y. 'No County Left Behind?' The Distributional Impact of High-Speed Rail Upgrades in China [J]. Journal of Economic Geography, 2016, 17 (3): 489 – 520.

[171] Romer P M. Increasing returns and long-run growth [J]. Journal of Political Economy, 1986, 94 (5): 1002 – 1037.

[172] Rothaermel F T, Thursby M. University-Incubator Firm Knowledge Flows: Assessing their Impact on Incubator Firm Performance [J]. Research Policy, 2005, 34 (3): 305 – 320.

[173] Salter A J, Martin B R. The economic benefits of publicly funded basic research: a critical review [J]. Research Policy, 2001, 30 (3): 509 – 532.

[174] Sampat B N, Mowery D C, Ziedonis A A. Changes in University Patent Quality after the Bayh-Dole Act: A Re-examination [J]. International Journal of Industrial Organization, 2003, 21 (9): 1371 – 1390.

[175] Sampat B N. Patenting and US Academic Research in the 20th Century: The World before and after Bayh-Dole [J]. Research Policy, 2006, 35 (6): 772 – 789.

[176] Sauermann H, Cohen W M. What Makes Them Tick? Employee Motives and Firm Innovation [J]. Management Science, 2010, 56 (12): 2134 – 2153.

[177] Schankerman M. How valuable is patent protection? Estimates by technology field [J]. the RAND Journal of Economics, 1998: 77 – 107.

[178] Schankerman M, Pakes A. Estimates of the value of patent rights in European countries during the Post – 1950 period [R]. National Bureau of Economic Research, 1985.

[179] Schumpeter, The Theory of Economic Development [M]. Oxford University Press, New York, 1961.

[180] Shao, S., Z. Tian, and L. Yang. High Speed Rail and Urban Service Industry Agglomeration: Evidence from China's Yangtze River Delta Region [J]. Journal of Transport Geography, 2017, 64: 174 – 183.

[181] Siegel D S, Waldman D Link A. Assessing the Impact of Organization-

al Practices on the Relative Productivity of University Technology Transfer Offices: An Exploratory Study [J]. Research Policy, 2003, 32: 27 – 48.

[182] Sonn J W, Storper M. The Increasing Importance of Geographical Proximity in Knowledge Production: An Analysis of US Patent Citations, 1975 – 1997 [J]. Environment & Planning A, 2008, 40 (5): 1020 – 1039.

[183] Sorenson O, Stuart T. Syndication Networks and the Spatial Distribution of Venture Capital Investments [J]. American Journal of Sociology, 1999, 106 (6): 1546 – 1588.

[184] Stadler I, Castrillo D, Veugelers R. Licensing of University Inventions: The Role of A Technology Transfer Office [J]. International Journal of Industrial Organization, 2007, 25 (3): 483 – 510.

[185] Stephan P E. The Economics of Science [M]. The economics of science: Routledge, 2012: 6 – 49.

[186] Stern S. Do scientists pay to be scientists? [J]. Management science, 2004, 50 (6): 835 – 853.

[187] Thursby J G, Jensen R, Thursby M C. Objectives, Characteristics and Outcomes of University Licensing: A Survey of Major U. S. Universities [J]. The Journal of Technology Transfer, 2001, 26 (1): 59 – 72.

[188] Thursby J G, Kemp S. Growth and Productive Efficiency of University Intellectual Property Licensing [J]. Research Policy, 2002, 31 (1): 109 – 124.

[189] Thursby J G, Thursby M C. University Licensing and the Bayh-Dole Act [J]. Science, 2003, 301: 1052 – 1052.

[190] Thursby J G, Thursby M C. Who is selling the ivory tower? Sources of growth in university licensing [J]. Management science, 2002, 48 (1): 90 – 104.

[191] Trajtenberg M A. Penny for Your Quotes: Patent Citations and the Value of Innovations [J]. Rand Journal of Economics, 1990, 21: 172 – 187.

[192] Vandenberghe V, Robin S. Evaluating the Effectiveness of Private Education Across Countries: A Comparison of Methods [J]. Labour Economics, 2004, 11: 487 – 506.

[193] Varga A. Local Academic Knowledge Transfers and the Concentration of

Economic Activity [J]. Journal of Regional Science, 2000, 40 (2): 289 -309.

[194] Zucker, L. G. and M. R. Darby. Costly Information Firm Transformation, Exit, or Persistent Failure [J]. American Behavioral Scientist, 1996, 39 (8): 959 -974.

附　　表

附表1　　　　转化对象的异质性对转化绩效的影响

变量	每个专利转化的平均金额		
	（1）	（2）	（3）
转化到企业的专利占比	-307.6424 (2 382.732)		344.5575 (2 190.541)
转化到本省企业的专利占比		-559.8537 (971.362)	-613.2712 (977.539)
RD	-1.7097 (2.864)	-1.8463 (2.969)	-1.7976 (2.873)
Univ FE	Y	Y	Y
Year FE	Y	Y	Y
观测量	106	106	106
组内 R^2	0.2394	0.2482	0.2486

注：括号内为聚类至高校层面的稳健标准误。

附表2　　　　倾向得分匹配平衡性检验结果

变量	样本	均值		%bias	%reduct |bias|	t-test	p-value
		处理组	控制组				
RD	匹配前	276.77	107.1	123		11.03	0.000
	匹配后（邻近匹配）	220.44	218.4	1.5	98.8	0.17	0.863
	匹配后（核匹配）	220.44	219.81	0.5	99.6	0.05	0.958
	匹配后（半径匹配）	220.44	217.61	2.1	98.3	0.24	0.813
ln(GDP)	匹配前	9.739	8.652	131.2		12.37	0.000
	匹配后（邻近匹配）	9.6237	9.6326	-1.1	99.2	-0.12	0.905
	匹配后（核匹配）	9.6237	9.6236	0	100	0	0.999
	匹配后（半径匹配）	9.6237	9.6268	-0.4	99.7	-0.04	0.967

续表

变量	样本	均值 处理组	均值 控制组	% bias	% reduct |bias|	t-test	p-value
professors	匹配前	0.28807	0.24304	66.2		6.13	0.000
	匹配后（邻近匹配）	0.28352	0.29072	-10.6	84	-1.03	0.302
	匹配后（核匹配）	0.28352	0.28279	1.1	98.4	0.11	0.915
	匹配后（半径匹配）	0.28352	0.2823	1.8	97.3	0.18	0.858

附表3　　BD政策对发明专利申请量的影响：分高校类别

变量	理工类高校					非理工类高校				
	(1)	(2)	(3)	(4)	(5)	(6)	(7)	(8)	(9)	(10)
Transform	0.0625 (0.035)				0.0558 (0.057)	0.0249* (0.014)				0.0198 (0.012)
Subsidy		0.0240 (0.045)			0.0425 (0.039)		0.0441*** (0.014)			0.0627*** (0.019)
Tenure			0.0511 (0.031)		0.0200 (0.050)			0.0188 (0.018)		0.0083 (0.015)
Bonus				-0.0235 (0.056)	-0.0148 (0.051)				0.0025 (0.021)	-0.0412 (0.025)
控制变量	控制	控制	控制	控制	控制	控制	控制	控制	控制	控制
个体固定效应	控制	控制	控制	控制	控制	控制	控制	控制	控制	控制
年度固定效应	控制	控制	控制	控制	控制	控制	控制	控制	控制	控制
观测量	101	101	101	101	101	253	253	253	253	253
组内 R^2	0.8072	0.7972	0.8047	0.7980	0.8122	0.7432	0.7559	0.7400	0.7355	0.7715

注：①括号内为聚类至高校层面的稳健标准误；②***、*分别表示1%、10%的显著性水平；③为节省篇幅，控制变量回归结果略去。

附表4　　BD政策对发明专利授权量的影响：分高校类别

变量	理工类高校					非理工类高校				
	(1)	(2)	(3)	(4)	(5)	(6)	(7)	(8)	(9)	(10)
Transform	0.0253 (0.015)				0.0326 (0.020)	0.0138 (0.008)				0.0107 (0.008)
Subsidy		0.0041 (0.019)			0.0123 (0.016)		0.0220** (0.009)			0.0314** (0.013)

续表

变量	Appl_Pate									
	理工类高校					非理工类高校				
	(1)	(2)	(3)	(4)	(5)	(6)	(7)	(8)	(9)	(10)
Tenure			0.0096 (0.011)		−0.0056 (0.016)			0.0135 (0.009)		0.0083 (0.008)
Bonus				0.0042 (0.021)	0.0084 (0.017)				0.0003 (0.012)	−0.0223 (0.016)
控制变量	控制	控制	控制	控制	控制	控制	控制	控制	控制	控制
个体固定效应	控制	控制	控制	控制	控制	控制	控制	控制	控制	控制
年度固定效应	控制	控制	控制	控制	控制	控制	控制	控制	控制	控制
观测量	101	101	101	101	101	252	252	252	252	252
组内 R^2	0.8877	0.8802	0.8813	0.8803	0.8900	0.7319	0.7408	0.7319	0.7240	0.7586

注：①括号内为聚类至高校层面的稳健标准误差；② ** 表示5%的显著性水平；③为节省篇幅，控制变量回归结果略去。

附表5　　BD 政策对专利续期率的影响：分高校类别

变量	Duration									
	理工类高校					非理工类高校				
	(1)	(2)	(3)	(4)	(5)	(6)	(7)	(8)	(9)	(10)
Transform	0.0129 (0.097)				−0.1947 (0.140)	0.0759* (0.043)				0.0575 (0.077)
Subsidy		−0.0170 (0.097)			−0.0395 (0.068)		0.0509 (0.036)			0.0157 (0.050)
Tenure			0.1225* (0.054)		0.2944** (0.102)			0.0840** (0.036)		0.0601 (0.036)
Bonus				0.0125 (0.105)	0.0653 (0.084)				0.0468 (0.034)	−0.0087 (0.082)
控制变量	控制	控制	控制	控制	控制	控制	控制	控制	控制	控制
个体固定效应	控制	控制	控制	控制	控制	控制	控制	控制	控制	控制
年度固定效应	控制	控制	控制	控制	控制	控制	控制	控制	控制	控制
观测量	74	74	74	74	74	177	177	177	177	177
组内 R^2	0.2409	0.2412	0.2863	0.2408	0.3465	0.1096	0.0988	0.1092	0.0967	0.1209

注：①括号内为聚类至高校层面的稳健标准误差；② **、* 分别表示5%、10%的显著性水平；③为节省篇幅，控制变量回归结果略去。

附表6　　各类政策对专利引用量的影响：分高校类别

变量	Duration									
	理工类高校					非理工类高校				
	(1)	(2)	(3)	(4)	(5)	(6)	(7)	(8)	(9)	(10)
Transform	0.1732***				0.1628**	0.0468				0.0275
	(0.035)				(0.059)	(0.045)				(0.047)
Subsidy		-0.0315			0.0036		0.0345			0.0422
		(0.098)			(0.097)		(0.037)			(0.025)
Tenure			0.1067		0.0264			0.0941**		0.0853**
			(0.062)		(0.069)			(0.034)		(0.033)
Bonus				-0.0059	0.0227				-0.0096	-0.0562
				(0.075)	(0.055)				(0.038)	(0.034)
控制变量	控制	控制	控制	控制	控制	控制	控制	控制	控制	控制
个体固定效应	控制	控制	控制	控制	控制	控制	控制	控制	控制	控制
年度固定效应	控制	控制	控制	控制	控制	控制	控制	控制	控制	控制
观测量	110	110	110	110	110	271	271	271	271	271
组内 R^2	0.7022	0.6370	0.6631	0.6358	0.7045	0.5038	0.4986	0.5330	0.4946	0.5427

注：①括号内为聚类至高校层面的稳健标准误；② ***、**分别表示1%、5%的显著性水平；③为节省篇幅，控制变量回归结果略去。

附表7　　各类政策对专利转化的影响：分高校类别

变量	Income									
	理工类高校					非理工类高校				
	(1)	(2)	(3)	(4)	(5)	(6)	(7)	(8)	(9)	(10)
Transform	1.5194*				1.8039*	0.7939				0.6045
	(0.736)				(0.854)	(0.596)				(0.552)
Subsidy		2.2818**			3.1753***		0.2329			-0.6459
		(0.950)			(0.890)		(0.567)			(1.211)
Tenure			1.1687		0.0404			0.1833		-0.0060
			(0.953)		(0.889)			(0.538)		(0.524)
Bonus				-1.6809	-1.7184				0.9078	1.0202
				(1.047)	(1.043)				(0.649)	(1.037)
控制变量	控制	控制	控制	控制	控制	控制	控制	控制	控制	控制
个体固定效应	控制	控制	控制	控制	控制	控制	控制	控制	控制	控制
年度固定效应	控制	控制	控制	控制	控制	控制	控制	控制	控制	控制
观测量	94	94	94	94	94	246	246	246	246	246
组内 R^2	0.2402	0.2462	0.2349	0.2439	0.2957	0.0936	0.0839	0.0838	0.0961	0.1036

注：①括号内为聚类至高校层面的稳健标准误；② ***、**、*分别表示1%、5%、10%的显著性水平；③为节省篇幅，控制变量回归结果略去。

附表8 高铁对高校知识溢出的动态影响

变量	(1) ln(Citations)
HSR(-4)	-0.0083
	(0.0109)
HSR(-3)	0.0149
	(0.0150)
HSR(-2)	0.0245
	(0.0194)
HSR(-1)	0.0282
	(0.0243)
HSR(0)	0.0336
	(0.0292)
HSR(1)	0.0552
	(0.0352)
HSR(2)	0.0565
	(0.0411)
HSR(3)	0.0905**
	(0.0461)
HSR(4+)	0.1398**
	(0.0559)
Controls	是
引用城市—年份固定效应	是
被引城市—年份固定效应	是
城市对固定效应	是
观测值	76956
Adj. R^2	0.8697